帝国書院　地理シリーズ
別巻
日本と世界の領土

帝国書院

日本と世界の領土

もくじ

- 地図 世界の国々と領土をめぐるおもな問題 …… 4
- 地図 日本の位置とまわりの国々 …………… 6
  ヨーロッパ中心部，中東要部

1 領土・領域と国境
- 領土・領域とは …………………………… 8
- 領土・領域を定める国境 ………………… 10
- さまざまな国境 …………………………… 12

2 日本の領域
- 日本の範囲 ………………………………… 14
- 最南端・最東端の島々 …………………… 16

3 日本の領域の変化
- 江戸時代から第二次世界大戦までの日本 …… 18
- 第二次世界大戦後から現在までの日本 …… 20

4 ロシアからの返還をめざす北方領土
- 北方領土の風土とかつてのすがた ……… 22
- ロシアとの みぞ と解決への努力 ……… 24
- 問題の背景 ロシアの立場 ……………… 26
- クローズアップ
  日ロのかけ橋へ 北方四島交流事業（ビザなし交流）…… 27

5 日本と韓国の間でゆれる竹島
- 竹島の自然と生活 ………………………… 30
- 竹島をめぐる日本と韓国の動き ………… 32

- 問題の背景 韓国の立場 ………………… 33
- クローズアップ
  竹島をめぐる島根県の取り組み ………… 35

6 海底資源で注目される尖閣諸島
- 尖閣諸島の自然と生活 …………………… 36
- 尖閣諸島をめぐる日本と中国の動き …… 38
- 問題の背景 中国の立場 ………………… 39
- クローズアップ
  沖縄県のカツオ漁 ………………………… 41

7 海の利用と排他的経済水域
- 世界を結びつけてきた海 ………………… 42
- 恵みをもたらす海 ………………………… 44
- 世界中にめぐらされた排他的経済水域 … 46

8 世界の領土・領域をめぐる問題
- 中国－ロシア間の国境画定 ……………… 48
- アルザス・ロレーヌ地方をめぐるドイツとフランス … 50
- カシミール地方をめぐるインドとパキスタン … 52
- ユダヤとアラブの対立が続くパレスチナ … 54
- 南スーダンの独立と領土問題 …………… 56
- 氷の大陸 南極の領有権 ………………… 58
- 南沙諸島をめぐる中国とASEAN諸国 …… 60

- 用語解説 …………………………………… 62
- さくいん …………………………………… 63

この本の使い方
[ページの構造]

江戸時代から第二次世界大戦までの日本

- 本文に関する地図や図版を多数掲載しています。
- 本文中の❶は年表の関連事項とリンクしています。
- 本文で取りあげなかったトピックをコラムで紹介しています。
- 関連するページが書いてあります。あわせて読んでみましょう。

[その他]
- **クローズアップ** 日本の領土をめぐる問題に関連して、そこにかかわる人々のエピソードなどを具体的にほり下げています。
- **問題の背景** 日本の領土をめぐる問題に関連して、相手国側の考えや立場を取りあげています。

[注意] 国名はほとんど略称を用いています。おもな略称は左記のとおりです。
- ●中国（中華人民共和国）　●ロシア（ロシア連邦）　※ソ連（ソビエト社会主義共和国連邦）
- ●韓国（大韓民国）　●北朝鮮（朝鮮民主主義人民共和国）　●アメリカ（アメリカ合衆国）

帝国書院 地理シリーズ
日本のすがた　全9巻
揃定価　本体35,000円（税別）

1. 九州地方　定価　本体3,900円（税別）
2. 中国・四国地方　定価　本体3,900円（税別）
3. 近畿地方　定価　本体3,900円（税別）
4. 中部地方　定価　本体3,900円（税別）
5. 関東地方　定価　本体3,900円（税別）
6. 東北地方　定価　本体3,900円（税別）
7. 北海道地方　定価　本体3,900円（税別）
8. 自然・防災・都市・産業　定価　本体3,900円（税別）
9. 資料編・総索引　定価　本体3,800円（税別）

帝国書院 地理シリーズ
世界の国々　全10巻
揃定価　本体38,000円（税別）

1. アジア州①　定価　本体4,200円（税別）
2. アジア州②　定価　本体4,200円（税別）
3. ヨーロッパ州①　定価　本体3,800円（税別）
4. ヨーロッパ州②　定価　本体3,800円（税別）
5. アフリカ州　定価　本体3,800円（税別）
6. 北アメリカ州　定価　本体3,800円（税別）
7. 南アメリカ州　定価　本体3,600円（税別）
8. オセアニア州・南極　定価　本体3,600円（税別）
9. 世界各地の生活と環境　定価　本体3,600円（税別）
10. 資料編・総索引　定価　本体3600円（税別）

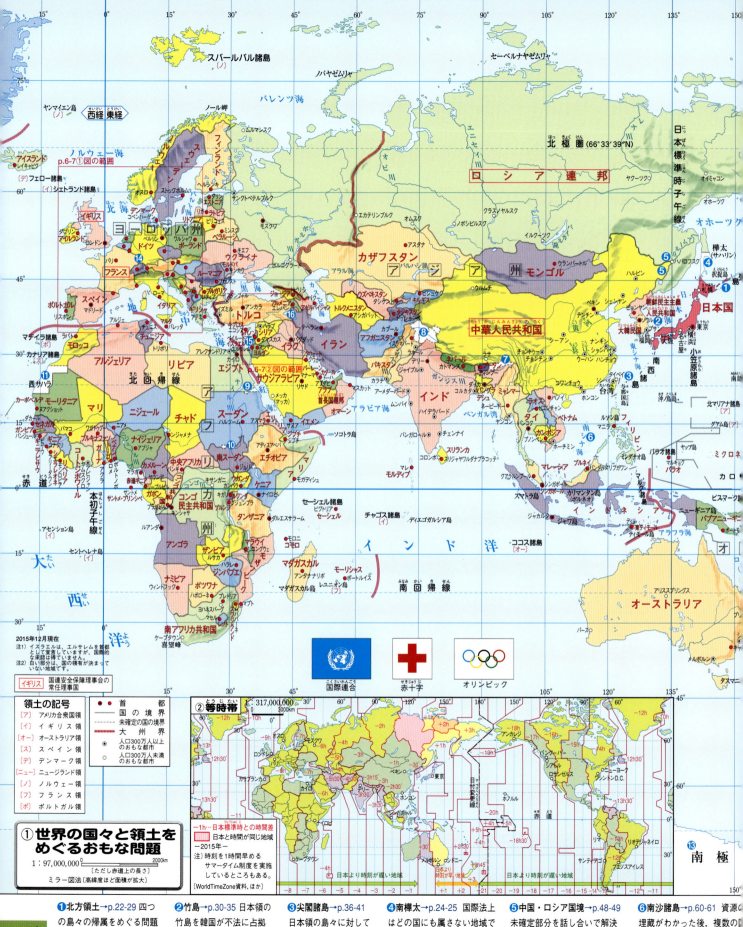

1 領土・領域と国境

▲オリンピックの観客席で自国の旗をふり応援する人々

領土・領域とは

国と領域

　4年に1度開催される「平和の祭典」，オリンピック。これほど，世界中の人々が一体感と熱狂をもってつどう場はないであろう。しかし，いざ競技が始まると，胸や背中に国旗を身につけた選手たちは，国の代表として外国の選手と競い合い，それを観戦する人々も，国旗を握りしめながら自国の選手に声援を送る。たとえ，それが競技場から離れたテレビの前であっても，私たちはときに国旗をふりながら，自国の選手を応援したことがあるのではないだろうか。それぞれの国の歴史や宗教，価値観が表された国旗には，どうやら私たち一人ひとりを団結させる力があるようだ。そして，国旗をかかげるときにあらためて，私たちは国民として国というものを強く意識するのである。

　そもそも，国とはどのようなものなのだろうか。世界地図を見るとわかるように，陸地に引かれた国境線だけではなく，海も国を仕切る境界となっていて，さまざまな形をした国に分かれている。しかし，現在私たちが地図上で確認できる国境線は，歴史的にそれほど古いものではない。現在のような国境線に囲まれた国の多くは，19世紀以降にできたものである。また，アジアやアフリカの多くの国は20世紀以降に独立したので，さらに新しいといえる。

フランス 青・白・赤は，フランス革命時からめざされてきた自由・平等・博愛を象徴している。

インド ヒンドゥー教，イスラム教，仏教の多宗教の融和の意味が込められている。

ブラジル ブラジルを象徴する森林や鉱産資源などを表している。

南アフリカ共和国 黒人と白人の融和の意味が込められている。赤は独立と黒人解放運動の犠牲者の血を表す。

■おもな国旗に込められた意味

■領土・領海・領空（模式図）

▲国際連合本部と加盟国の国旗

　古代以来の長い歴史の中で、世界各地には、小さな都市国家から大帝国にいたるまで大小さまざまな国が存在した。しかし、国や領域というものの考え方は、時代や地域によってそれぞれ特有のものであったので、共通の理解はなかった。現在のような意味での国や領域という共通のことばが使われるようになったのは、19世紀にヨーロッパの影響が世界に広がってからであり、それまでにヨーロッパで共有されていた「国家」という考えが世界共通のものとなったのである。

　こうして現在では、その地域にかかわらず、「国際法」とよばれる国と国の間のルールにもとづいて、国や領域という考えを共通のことばとして用いているのである。国家の主権のおよぶ領域は、「領土」のほかに、海岸線から一定の範囲に帯状に広がる「領海」と、領土と領海の上空の「領空」から構成されている。

「国家」となるための条件

　土地があり、住民がいるだけでは「国家」とはいえない。「国家」として成立するためには、その土地がその国の領有する「領土」であり、そこに永続的に住む国民がおり（「人口」）、その国民による国の意思決定を行う機関としての政府（「主権」）がなければならない。このように、「国家」は「領土」、「人口」、「主権」という三つの条件を満たしていなければならない。また、その条件を満たしているからといって自動的に国になるのではない。国の成立を確認する国際的な機関がないので、ほかの国々によって国として認められることが重要となる。

世界に国はいくつあるか

　それでは、現在、世界にはどのくらいの数の国があるのだろうか。これは難しい問題である。なぜならば、国は、ほかの国々により認められることが重要とされているため、世界の国の数は国によって異なるからである。さらに、ある国が認めている国の数と国際連合に加盟している国の数とも一致しないことがある。

　例えば、日本の例をあげると、日本が国と認めているのは195か国に日本を加えた196か国である（2016年1月現在）。最近では、独立した南スーダン（2011年7月）や、ニュージーランドと自由連合関係にあるニウエ（2015年5月）を、日本は国として認めた。また、国際連合加盟国は、設立当初は51か国であったが、南スーダンの加盟により、2016年1月現在では193か国になっている（ニウエは未加盟）。

　冒頭でふれたオリンピックにおいて、参加国は、「参加する国と地域」と表現される。これは、台湾やパレスチナのように、国として認められていない地域もふくまれるためなのである。

▲国際連合に加盟した南スーダンの国旗掲揚のようす（2011年）

領土・領域を定める国境

国境を定める要因

　世界地図を見ると，国と国とを分ける国境線が曲線であったり直線であったり，さまざまであることがわかる。曲線の国境は，山脈や河川，湖，海峡などのような自然の地形に沿って決められていることが多い。高い山脈をこえることや水平線の彼方へ船出することは，かつては人間の勇気と技術が必要な大きな障害であったため，人々の行き来や交流は自然の地形によってさまたげられてきた。そのため，そこに住む人々が営む生活や文化，経済は，その自然の地形や環境と密接に関係してきた。つまり，自然の地形に沿って，それぞれの地域に合わせた習慣や言語，制度，そして法律が存在してきたといえる。そのため，自然の地形に沿った人々の生活圏の境界に合わせて，国境を決定することは，理にかなっている。

　しかし，ときに国境が共通の文化や言語をもつ住民の生活を分断することがある。国どうしの交渉や第三者によって引かれた国境の場合である。それらは，緯度や経度の直線に沿って決められることも多い。たしかに，緯度や経度にもとづく緯線と経線は，地球上の位置を知るときの座標としては便利である。しかし，それらは必ずしも住民の言語や民族，生活文化の境界と一致しないため，そうした国境はさまざまな問題を生じさせることもある。

■地形に沿った国境の例（南アメリカ南部）

地形に沿った国境

　南アメリカ大陸のチリの特徴は，その領土が南北に細長いことである。隣国のアルゼンチンとの間には，最高峰が標高6000mを超えるアンデス山脈が，南北方向に約3000kmあまりにわたって連なっている。チリとアルゼンチンの国境線は，この山脈に沿って引かれている。

　河川が国境となっている例としては，アルゼンチンとウルグアイの境界を流れるラプラタ川とその支流であるウルグアイ川があげられる。河口では川幅が約270kmにもなり，その両岸には，それぞれの首都がおかれている。

　このように，山脈や河川という自然の地形に沿った国境線は地図上では曲線となる。

地図上で直線的に引かれた国境

　北アメリカ大陸を見ると，カナダとアメリカ合衆国の国境は，五大湖以東を除き，北緯49度線に沿って引かれている。2国間の直線の国境線としては世界最長である。

　また，北アメリカ大陸の西北端には，アラスカ州というアメリカの飛び地がある。アラスカはもともとロシア領であったが，クリミア戦争で財政難になったロシアが1867年にアメリカに売ったことで，アメリカの領土となった。このアラスカ州とカナダとの間にも，西経141度線に沿って直

▲アンデス山脈（手前はアルゼンチンのパタゴニア，山の向こうがチリ）

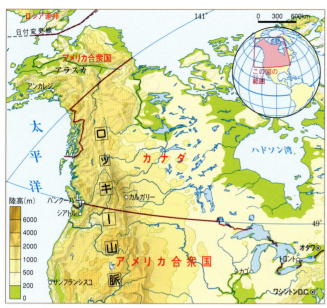

■直線的に引かれた国境の例（アメリカ-カナダ）

線の国境線が引かれている。

第三者によって引かれた国境と問題点

国境は，一般にそこに面する国どうしで決めることになる。しかし，かつてヨーロッパ諸国によって植民地支配されたアフリカ大陸では，植民地の境界線がそのまま現在の国境となっているところが多い。まるで地図上で定規を使って引いたような直線の国境線も見られる。そうしたヨーロッパ諸国によって分割された境界は，自然の地形だけではなく，そこに住む多様な民族や文化のまとまりをも無視して引かれた。そのため，植民地時代の境界線にもとづいて国として独立したあとも，一つの国の中で異なる民族間の内戦が生じたり（1967～70年，ナイジェリアのイ

▲フランスパンが売られているアフリカの市場（マリ，モプティ）

ボ族の独立問題など），異なる宗教間の対立が原因となって紛争が発生したりしている地域がある（1993年，キリスト教徒が多いエチオピアからイスラム教徒が多いエリトリアの独立など）。その反面で，モザイク状に入り組む民族や宗教，言語の境界線を新たに国境として設定することは事実上不可能であり，一部で実施したとしても，また新たな

▲北緯49度線に沿って引かれた国境

紛争が起こる危険性も高い。植民地時代の境界線を国境として用いることが逆に紛争を防止している側面もある。

こうしたアフリカの植民地支配の影響は，国境線だけではなく，現在の人々の生活にも及んでいる。例えば，マリなどかつてフランスの植民地であった国々では，現在もフランス語が共通の言語として話されている。また，キリスト教を信仰している人が多いことや，フランスパンを主食としていることなど，宗教や食といった文化面にも，かつてのヨーロッパ諸国とのつながりが強く表れている。

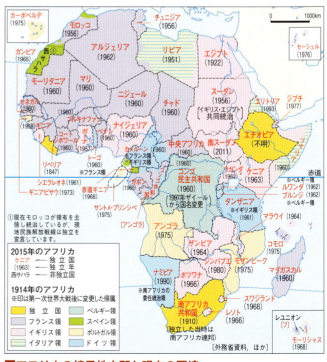

■アフリカの植民地支配と現在の国境

ここも見てみよう　アフリカの領土をめぐる問題➡p.56-57 南北スーダン

◀人々が行き交うヨーロッパの国境（看板の奥がドイツ，手前がフランス）

▲フェンスで仕切られたアメリカ（手前）とメキシコ（奥）

さまざまな国境

国境をこえた行き来

　日本は周囲を海に囲まれているため，私たちが海外旅行をするときには「国を出る」という認識はあっても「国境線をこえる」ことを意識する人はほとんどないであろう。国を出るという認識は，空港や港での出国手続きと航空機の離陸や船の出港と同時にうすらいでいき，いつの間にか国境をこえて目的地に到着する。そして再びパスポートを提示して目的国の入国審査を受けるときに，ふり返ってみれば国境をこえていたことに気づくのである。

　国家がとなりどうし接している陸続きの場合は，国境線をこえるのが難しいと感じさせる国境がある。それは，フェンスや壁で仕切られた国境である。例えば，友好関係にないインドとパキスタンの国境線にはバリケードが張られているし，不法入国をふくめて往来人数が世界一のアメリカとメキシコとの間には，不法入国者を防ぐフェンスが設置されている。2015年には，ハンガリーが中東地域やアフリカ諸国からの難民の入国を防止するために，セルビアとの国境にフェンスを設置した。

　これに対して，陸続きで，出入国の審査なく自由に行き来することができる国境もある。例えば，ヨーロッパの多くの国は1995年からシェンゲン協定という国境を自由に行き来できる合意をしているため，国境線に関わらず人々が行き交っている。たいていの場合，国境をはさんだ両国の国名が記された道路標識が立っているだけである。

パスポートとビザ

　国境を越えて海外旅行をするときには，パスポート（旅券）が必要となる。これは，政府がその国の国民に発行するもので，これがなければ自分の国を出国することもできないし，外国に入国することもできない。通常，どの国のパスポートにも顔写真とともに氏名や国籍，生年月日が記載されているため「身分証明書」の機能をもつ。さらに，パスポートには渡航先の国の機関や役人，警察官に対して，これを所持する国民の保護を要請する文書が記載されているため，「自国民保護の要請書」でもある。

　しかし，パスポートだけでは入国できない国もある。その場合，事前に渡航先国の在外公館（大使館・領事館）でパスポートの真偽や渡航目的の審査を受けて，ビザ（査証）を発行してもらわなければならない。これは，いわばその国での「滞在許可証」である。なお，日本は世界の67の国と地域との間でビザを必要としないことを約束しているので，旅行前に確認しておきたい。昨今，日本を訪れる中国人観光客が急増した理由の一つは，中国人に対するビザの発給の条件が緩和されたからである。

▲左からインドのビザ，日本のパスポート，外国のさまざまなパスポート

世界中の国境いろいろ

国境は，人が往来するときにだけ問題となるわけではない。国境は「領土の境界」であり，「国の制度や法律の境界」である。しかし，それ以上に，「人びとがたがいに交流する場」でもある。世界に存在するさまざまな国境の例を見てみよう。

◀ **オランダとベルギーの国境**
国境付近の町バールレ＝ナッサウでは，国境線が住宅や店舗の中を通っている場所もあり，国境線は人々の日常にとけこんでいる。

▲ **インドとパキスタンの国境**
バリケードでさえぎられ対立関係にあるインドとパキスタンの国境の中でも，唯一観光客がおおぜい訪れる場所がある。ここでは，両国軍が握手と敬礼を交わすめずらしいイベントを見ることができる。

◀ **ハイチとドミニカ共和国の国境**
自然保護政策をとるドミニカと森林の伐採が続くハイチとでは，国境を境として森林の姿も全く異なっている。

◀ **イギリスとアイルランドの国境**
フェンスや検問所もなく道路がつながっているが，道路舗装や白線の違いによって，イギリスの北アイルランドとアイルランドの境界線があることがかろうじてわかる。

本国と離れた飛び地 カリーニングラード州

カリーニングラード州は，リトアニアとポーランドにはさまれたロシアの飛び地である。面積は，日本の岩手県とほぼ同じ約1万5000km²にすぎない。しかし，バルト海に面する凍らない港であるため，軍事的にも経済的にも重要な領域である。

現在の州都であるカリーニングラードは，13世紀にドイツ系の人々が「ケーニヒスベルク」として建設した都市であり，その後ドイツ領となった。ドイツが第二次世界大戦で敗れたことにより，ケーニヒスベルクはソ連に併合され，名称も「カリーニングラード」に変更された。このときは現在のリトアニアやベラルーシもソ連の構成国であったため，カリーニングラード州は飛び地ではなかった。1991年のソ連の解体にともないリトアニアやベラルーシが独立国となったことで，ここはロシアの飛び地となった。そのため，ロシア人がロシア本土とカリーニングラード州とを行き来する際には，いったん外国を通過しなければならなくなった。

■ **カリーニングラードの周辺図**

ここも見てみよう　シェンゲン協定➡p.62 用語解説

2 日本の領域

▲宇宙から見た日本

日本の範囲

世界の中の日本の位置

　日本の領域は、ほかの国と比べて、地理的な面でどのような違いや特色があるのだろうか。日本列島は、北海道・本州・四国・九州から南西諸島にかけて大きな弧を描いている部分と、伊豆諸島から小笠原諸島まで北西から南東方向にほぼ一列に並んでいる島々とからなっている。日本は、これら大小6800以上の島々からなる島国である。南北の広がりを緯度でみると、北緯20度付近にある南端の沖ノ鳥島から北緯45度付近にある北端の択捉島まで、緯度の差で約25度、距離にして約3000kmに及ぶ。一方、東西の広がりを経度でみてみると、東経154度付近にある東端の南鳥島から東経123度付近にある西端の与那国島までは、経度の差にして約30度であり、東西間の距離は約3100kmにもなる。アメリカ合衆国や中国、アフリカ大陸北部からヨーロッパ南部とほぼ同じ緯度、また経度では、オーストラリアと同じである。

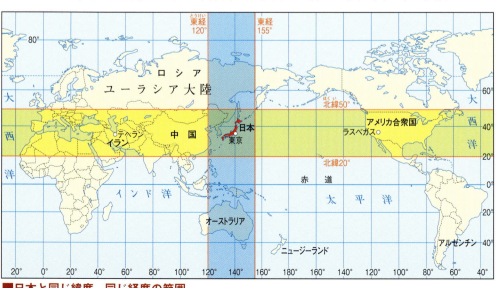

■日本と同じ緯度、同じ経度の範囲

日本を取り囲む海と排他的経済水域

国家に属する領域は、陸だけではない。国家の領域は、陸地である領土、領土から一定の範囲の海である領海、領土と領海の上空である領空からなる。国際法では、領海は海岸線（基線）から12海里（約22km）で認められ、日本の領海の幅は、津軽海峡など一部を除き、12海里と定められている。

さらに領海の外側の海であっても、基線から200海里（約370km）以内であれば、魚などの水産資源や、海底にある鉱産資源を利用する権利が国際法上認められている。このような海域のことを排他的経済水域という。ほかの国は、領域国の許可なくこの海域で漁業や油田の開発などを行うことはできない。一方、船の航行、航空機の上空通行、海底ケーブルやパイプラインの敷設など、資源の利用とは異なる目的での使用については、公海と同じように、ほかの国も自由に利用できる。自国から200海里の海域が、ほかの国が主張する200海里の海域と重なる場合には、両国の話し合いや国際司法裁判所などの国際裁判によって線引き（境界画定）を行い、自国の排他的経済水域の範囲を明確にする必要がある。日本は、ロシア・中国・韓国との間で境界画定を行わなければならないが、領土問題がからむため交渉は進んでいない。

領海をふくむ排他的経済水域である「日本の海」は、北緯17度から48度、東経122度から158度の範囲に広がり、その面積は447万km²になる。これは国土面積（約38万km²）の約12倍にあたる。日本は、国土の面積では世界第62位だが、排他的経済水域ではベスト10に入る広さをもつ国なのである。また、「日本の海」は広いだけでなく豊かな海でもある。最近の研究では、この「日本の海」に、世界一多くの生きものがいることがわかっている。世界の海全体の生物25万種のうち、13.5％もの生物が「日本の海」で生きているのである。東西に広く南北に長い日本には亜寒帯から熱帯にまでわたる多様な気候帯があり、また日本の周りでは栄養分を大量にふくんだ北からの冷たい親潮、南からの温かい黒潮という二つの海流が、生物にとって豊かな環境をつくり出している。また海底には、豊富な鉱産資源がねむっている。日本は、陸上のエネルギー資源にはとぼしいが、排他的経済水域内の海底にレアメタル、レアアースといった海底資源が多量に存在することがわかっており、今後の資源開発が期待されている。

また、最近になって「日本の海」がさらに広がった。国連海洋法条約の下では、大陸棚限界委員会に、地形や地質的に領土と地続きであることを科学的データで示して認められれば、排他的経済水域の外であっても、最大350海里まで大陸棚の範囲を広げることができる。委員会は2012年、日本の延長申請（4海域）を認めた。これを受けて、日本は2014年に2海域（約17.7万km²）の大陸棚を新たに設定した。

■日本の排他的経済水域

■排他的経済水域と国土の比較

▶沖ノ鳥島（北小島）の護岸の変化

1987年

1988年

2005年

最南端・最東端の島々

排他的経済水域を守る沖ノ鳥島

　日本では，広大で豊かな「日本の海」を維持するためのさまざまな努力がなされている。その努力を担う最南端，最東端の島々についてふれてみる。

　国際法上，領海・排他的経済水域のはじまりとなる線（基線）は，原則として海水が最も引いた時の海岸線（低潮線）である。また島とは，自然に形成され満潮の時にも水面上にある陸地と定義されており，排他的経済水域の基点として用いることができる。一方，低潮時のみ水面上にある陸地（低潮高地）は，島とは異なり領海や排他的経済水域を設定できない。したがって，掘削や侵食によって領海・排他的経済水域をはかるための基準となる低潮線が後退したり，島が波で侵食されて満潮時に水没したりしてしまえば，「日本の海」が縮小することになる。2010年に制定された低潮線保全法は，低潮線を守るため，周辺水域を保全区域に指定して掘削などの行為を規制し，違反者に罰則を科すことを定めた。また，領土の広さを守る上でとくに重要な離島を，特定離島に指定し，国が直接に維持管理を行うことにした。現在，特定離島として指定されているのは，太平洋上にある，いずれも東京都に属する小笠原諸島の沖ノ鳥島と南鳥島である。

　日本最南端の島である沖ノ鳥島は，海底火山の上部に形成されたサンゴ礁からなる，太平洋上の無人島である。

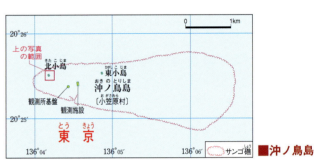
■沖ノ鳥島

東京からは1740km離れており，北緯20度25分，東経136度04分に位置する。日本で北回帰線よりも南にある唯一の島で，いつも太平洋の強い風が吹きつけ，波も大きく潮流も速い。また，夏になれば多数の台風が通過するという，気象条件の大変厳しいところである。しかし沖ノ鳥島のまわりの広大な海には，豊かな資源が存在している。沖ノ鳥島周辺には，日本の国土面積を上回る約40万km²の排他的経済水域があり，水産資源が豊富なだけでなく，海底にはレアメタルを多くふくむコバルトリッチクラストが存在する。

　沖ノ鳥島が日本の領土となったのは1931（昭和6）年のことである。戦後はアメリカの施政下におかれ，1968（昭和43）年に小笠原諸島返還にともない日本に返還された。沖ノ鳥島が日本の排他的経済水域を維持するためにきわめて重要な島であるという認識が強まったのは，国連海洋法条約が採択された1982年ごろからである。沖ノ鳥島は，

16　日本の領域

干潮のときには東西4.5km，南北1.7kmの広さがあるが，満潮時には侵食に取りのこされた北小島，東小島の二つの島がわずかに海面上に残るのみで，両島とも水没する恐れがあった。このため政府は，1987（昭和62）年に両小島を海岸保全区域に指定し，7年をかけて護岸設置による保全工事を行った。これにより両島の周囲には，侵食や倒壊を防ぐための鉄製の消波ブロックが配置され，その外周にはコンクリート処理がほどこされた。その後の工事で，さらに東小島の上部にチタン製の防護ネットが設置された。現在，観測施設や灯台が建設され，港湾施設の建設も進行している。

一般人の住民がいない南鳥島

南鳥島は，東京から1860km，小笠原諸島の父島からも約1200km離れており，日本最東端に位置するので，日本の中で一番早く日の出が見られる場所である。南鳥島のまわりには，沖ノ鳥島とほぼ同じ面積の排他的経済水域が広がっている。最近の調査で海底には，将来の資源として有望なコバルトリッチクラストなどの堆積物が存在していることがわかった。

南鳥島は大航海時代の1543年，スペインの艦隊によって確認され，その後，太平洋でクジラをとる船に知られるようになった。日本領となる以前にはマーカス島として知られていたが，この名称は，1860年頃にアメリカ人宣教師によって名づけられたといわれる。このころマーカス島に漂着したイギリス帆船の日本人乗組員は，数万羽のアホウドリを目にしたと報告している。

1896（明治29）年，冒険家であり実業家の水谷新六が別の無人島探しの探検中に偶然マーカス島を見つけて上陸した。本土に戻ると，すぐに水谷は労働者を雇い入れ，マーカス島での羽毛採取事業を開始した。これを受けて日本政府は，1898（明治31）年に，マーカス島には他国が占領したという形跡もないこと，また，すでに水谷が羽毛採取を行っていたことから，「国際法上，いわゆる占領の事実がある」として，日本の領土として東京府（当時）に編入し，島名を南鳥島とした。

▲気象庁のラジオゾンデによる気象観測作業

島では，乱獲によるアホウドリ激減で採算がとれなくなると，1903（明治36）年には，日本初となる鳥糞（グアノ）採掘事業が開始された。肥料の原料となるグアノの採掘は1910年代中頃（大正初期）に最盛期を迎えた。漁業なども行われ，一時は出稼ぎ労働者60〜70名が島で生活していたが，昭和の初めになると，グアノ採掘事業の低迷でふたたび無人島となった。第二次世界大戦中には日本軍が，4500名の部隊で島を要塞化し，アメリカ軍の攻撃で多くの戦死者が出た。沖ノ鳥島と同様に，戦後はアメリカ軍の占領，統治を経て，1968（昭和43）年に日本に返還された。現在，一般住民は居住しておらず，アメリカ軍占領時から気象観測を続けている気象庁のほか，海上自衛隊と国土交通省の職員がそれぞれ交代で常駐している。

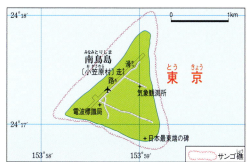
■南鳥島

▲平たんな地形の南鳥島

ここも見てみよう　排他的経済水域→p.47, p.62 用語解説，コバルトリッチクラスト→p.45, p.62 用語解説

3 日本の領域の変化

▲江戸時代中期の日本地図
（『大日本道中行程細見記』，1770年／徳島大学附属図書館蔵）

江戸時代から第二次世界大戦までの日本

日本の近代化と国境の画定

　上の地図は，江戸時代中ごろ，当時の旅のガイドブックに掲載された地図で，「大日本国図」とあるとおり，当時の「日本」を描いたものである。江戸時代には国内の陸路や航路が整備されて，たくさんの人やものが各地を行き交うようになり，日本全体の形や位置関係をイメージできる日本地図も一般に普及し始めていた。現在の日本地図と大きく異なるのは，北の北海道や南の沖縄がまだ日本としてはっきりとは描かれていないことである。また，日本と外国との間で明確に国境を引くようになったのは，さらにあとの明治時代になってからである。ここでは歴史をさかのぼって，現在までの日本の範囲の変化のようすを見てみよう。

　江戸時代初期，現在の沖縄県にあたる領域には，琉球王国という独立した国が存在した。琉球は明（中国）との貿易で栄え，日本本土とも交易を行っていたが，1609年に薩摩藩（現在の鹿児島県）の支配下におかれた。一方，現在の北海道にあたる北方の蝦夷地には，先住民であるアイヌの人々が暮らし，独自の文化を築いていた。蝦夷地の南西部に拠点をおき，アイヌの人々と交易を行っていた松前藩は，次第に交易の主導権を握り，彼らを支配するようになった。18世紀末にロシアが日本海へと進出すると，江戸幕府はロシアが南に向かって領土を拡大することを警戒し，蝦夷地を幕府の直轄地（幕領）とした。明治維新後の新政府は，1869（明治2）年に蝦夷地を北海道と改称し，本格的な開拓を進めた。また，1879年には琉球に沖縄県を設置し，日本に組み込んだ。

　当時の国際関係の中で，先進的な欧米諸国と対等な立場に立つためには，周辺諸国との間で国際法にしたがって国境を定め，自分たちの領域を明らかにしておく必要があった。1855年，日本はロシアと

■国際法に従って定められた明治時代初期の日本の範囲

日露通好条約を結び，北方の国境を択捉島とウルップ（得撫）島との間に引いた。さらに，1875年の樺太・千島交換条約では，樺太全島をロシア領とし，シュムシュ（占守）島以南の島々が日本領であると約束された。清（中国）との関係では，1871年に日清修好条規を結んで両国の国交と対等な関係を確認し，領土の相互不可侵（たがいに相手国を侵略しないこと）を約束した。

また，朝鮮との関係では，1875年，江華島（ソウルに近い西岸の島）に接近した日本の軍艦を朝鮮が砲撃した江華島事件をきっかけに，翌1876年に日朝修好条規を結んだ。その内容は，朝鮮を独立した国として認めた上で，日本が優位となる条件を認めさせた不平等なものであった。このような朝鮮に対する姿勢や琉球の統治は，日本と清との対立を招くこととなった。

明治以降の領土の広がり

19世紀末以降の日本は，各国との戦争へと突入していった。そして日本は，戦争とその結果として結ばれた条約にもとづいて領土を獲得し，周辺へと領土を広げていった。

日清戦争の結果，1895（明治28）年に結ばれた下関条約では，勝利した日本が清の遼東半島，台湾，澎湖列島を獲得した（ただし，のちのロシア，ドイツ，フランスによる三国干渉の結果，遼東半島は清に返還された）。1904年には，中国東北部（満州）をめぐって日露戦争が起こった。これに勝利した日本は，ロシアとの間に結ばれたポーツマス条約（1905年）において，韓国に対する政治的，軍事的，経済的利益を確保して勢力下においた。さらにロシア領だった樺太のうち，北緯50度以南の南樺太を獲得した。

1914（大正3）年に第一次世界大戦が勃発すると，日本は1902年の日英同盟に従って連合国として参戦し，ドイツが有していた南洋群島（ほぼ現在のミクロネシアあたり）を占領した。戦後のベルサイユ条約（1919年）により，戦勝国側であった日本は，この南洋群島を委任統治領として支配した。

このほかに日本の支配が及んだ領域もあ

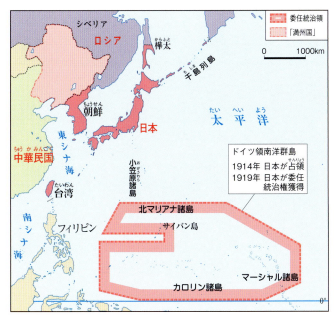

■領土拡大後の日本の範囲

る。例えば，1910年に日本は韓国を併合し，鉄道などの整備を進めるとともに，学校では日本語教育を行った。また，中国東北部（満州）を勢力下におき，「満州国」をつくった（この「満州国」は国際的に認められなかった）。

こうして，アジアの列強をめざす日本は，中国，東南アジア，そして太平洋の島々へ進出し，日中戦争や太平洋戦争（アジア・太平洋戦争）へと突入した。

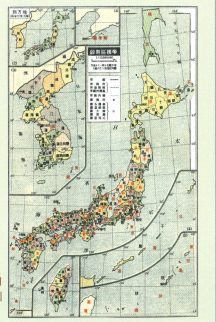

当時の教科書にみる日本の範囲

1920（大正9）年刊行の中学校用地図帳をみると，日本の行政区分図に朝鮮半島や台湾，南樺太などが描かれている。また，千島列島のシュムシュ（占守）島までが北海道と記載されている。当時は，朝鮮や台湾が日本の一地方として学習されていたことがわかる。

▶当時の中学校用地図帳『帝国地図』（帝国書院）

英語の看板が並ぶネオン街

吉田茂（当時の首相）

右車線の道路

第二次世界大戦後から現在までの日本

▲サンフランシスコ平和条約への調印（左），アメリカ施政下の沖縄（右）

戦後の日本の領土縮小と平和条約

　第二次世界大戦に敗れた日本は，敗戦国としてこれまで拡大してきた領域をすべて手放すこととなった。戦後，日本の主権が及ぶ領域は，1945（昭和20）年7月のポツダム宣言（8月14日に受諾）によって，本州，北海道，九州，四国そして連合国が決定する島々に限定された。

　日本は，台湾や朝鮮，中国東北部，南洋群島（委任統治領）を失った。そして，アメリカを主体とした連合国軍総司令部（GHQ）が日本を占領し，軍国主義を排除して民主化を進めた。ソ連（ロシア）は，8月11日から南樺太に侵攻し，19日から25日にかけて，千島列島のシュムシュ（占守）島からウルップ（得撫）島までを軍事占領した。そのほかの領域に対しては，朝鮮，千島列島，歯舞群島，色丹島，北緯30度以南の沖縄や南西諸島などがGHQの施政下におかれた。

　このような占領状態が終了し，日本の独立が認められたのは，1951年のサンフランシスコ平和条約の締結によってであった。この条約でポツダム宣言の内容があらためて確認され，日本は，朝鮮（済州島，巨文島，鬱陵島をふくむ），台湾（澎湖列島をふくむ），千島列島，南樺太，南洋群島に対するすべての権利を放棄し，戦後の日本の範囲が決定された。北緯29度以南の南西諸島（沖縄，奄美群島など），小笠原諸島の島々は，日本の領土ではあるものの，アメリカの施政下におかれた。

　このサンフランシスコ平和条約は，アメリカを中心とした連合国のうち，48か国との間にのみ成立した。インド，ビルマ（ミャンマー），ユーゴスラビアは会議に参加せず，講和会議に参加したソ連（ロシア），ポーランド，チェコスロバキアは条約への署名を拒否した。その大きな理由の一つは，日本と長期にわたって戦った中国が，講和会議に招かれていなかったことであった。当時の中国は，内戦を経て成立した中華人民共和国政府と内戦に敗れて台湾へ逃れた中華民国政府とに2分されており，どちらを代表政府にするかでイギリスとアメリカで意見が分かれたのである。戦時中に日本に併合されていた韓国や北朝鮮も，朝鮮戦争による混乱のため招かれなかった。

　サンフランシスコ平和条約では，このように同じ連合国の中

■サンフランシスコ平和条約締結当時の日本の範囲

日本の領域の変化

でも共産主義諸国(当時)やアジアの諸国との考えが一致せず，日本はすべての交戦諸国との間での平和の回復はかなわなかった。そのため日本は，これらの国々と和解し，領土問題や賠償問題を解決して戦争状態を終わらせるため，2国間で平和条約を結ばなければならなかった。現在までに，日本は，中国(1972年日中共同声明，1978年日中平和友好条約)や韓国(1965年日韓基本条約)，ロシア(1956年日ソ共同宣言)と国交を回復している。一方で，日本が国家として認めていない北朝鮮との国交はいまだ成立しておらず，ロシアとも平和条約締結までには至っていない。

沖縄の返還

1945年からアメリカの施政下にあった島々では，日本への復帰を求める運動が続けられた。1952年にサンフランシスコ平和条約が発効して日本が主権を回復すると，それらの島々のうち，1953年には奄美群島が，1968年には小笠原諸島などが段階的に日本へ返還された。

一方，とくにアメリカが太平洋西側のアジア地域における重要な軍事拠点と考えていたのが沖縄であった。1965年からのベトナム戦争で沖縄の米軍基地が利用されると，日本への復帰運動はいっそう強まった。沖縄住民のみならず，日本本土でも返還を要求するデモや署名活動が広がった。そうして，1972年，ようやく沖縄への施政権が日本に返還された。日本への復帰は沖縄住民の悲願であり，祝福をもって迎えられた。これにより，沖縄住民の生活にも大きな変化が生じた。例えば，車道の通行は右側通行から左側通行になり，通貨もドルから円に変更された。しかし，復帰後も変化しないものもあった。それは日本国内の米軍基地の大半が，沖縄に残ったことである。軍用機の事故や騒音問題，在日アメリカ兵による犯罪など，住民の不安や不満はいまだに絶えない。

■沖縄返還後から現在までの日本の範囲

沖縄への施政権が日本に返還されたのを最後に，現在地図上で確認できる日本の領域は，日本の完全な主権の下に戻った。その一方で，近隣諸国との間で日本の領土の帰属をめぐる課題が残されている地域もある。ロシアや韓国によって占拠されている北方領土や竹島については，サンフランシスコ平和条約で日本が放棄した地域の解釈をめぐって各国との間で考えが食い違っており，いまだ問題は未解決のままである。また，尖閣諸島は，日本の領土と国際的にも認められているものの，中国が領有権を主張し摩擦が生じている。こうした領土をめぐる課題に対して，日本はどのように考え，対応していけばよいのだろうか。解決のためには，まず私たち一人ひとりがそれぞれの経緯や背景をきちんと知る必要がある。

▲日本復帰を求める約200人の大行進(沖縄県，那覇市/1968年)

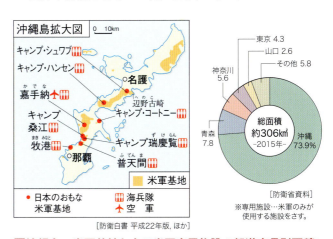

■沖縄島の米軍基地と在日米軍専用施設の都道府県別面積

ここも見てみよう　北方領土➡p.22-29，竹島➡p.30-35，尖閣諸島➡p.36-41

4 ロシアからの返還をめざす北方領土

水晶島
歯舞群島
貝殻島（高潮のときは灯台しか水面上に見えない）
納沙布岬（根室市）

北方領土の風土とかつてのすがた

▲根室半島からみた歯舞群島
▲択捉島の散布山
▲エトピリカ
▲チシマフウロ

北方領土の地理

　北海道の北東に位置する択捉島・国後島・色丹島・歯舞群島は，これまで一度もほかの国の領土となったことのない，日本の領土である。しかし，これらの島々は，1945年8月以降，ロシア（当時のソ連）による法的根拠のない占拠状態が続いていて，総称して北方領土と呼ばれている。北方領土のうち，歯舞群島の一つである貝殻島は，北海道の最東端である納沙布岬（根室市）からたったの3.7kmしか離れていない。そのため，晴れているときには，島の灯台を見ることができる。また，国後島は，北海道の野付半島から16kmの距離に位置しており，佐渡島と本州の最短距離（31km）の半分くらいしか離れていない。北方領土の総面積は約5000km²で，千葉県の面積とほぼ同じ広さである。

　また，北方領土には，独自の豊かな自然が残されている。たとえば，アイヌ語で「くちばし(etu)」が「美しい(pirika)」を意味するエトピリカは，日本で絶滅が危惧される海鳥で

あるが，北方領土ではこの集団生息地が確認されている。島々には，チシマフウロなど多様な植物も分布している。
　海に目を向ければ，北方領土の近海は，低温でプランクト

■北方領土の位置図

ンの豊富な北からの親潮（千島海流）と南からの水温の高い黒潮（日本海流）が交わる潮目（潮境）であるため、豊かな漁場となっており、サケ、マス、タラ、カニ、昆布といった水産資源に恵まれている。そのため、かつては多くの日本人がこれらの島々に居住し、漁業などを営んできた。

▲国後島や択捉島を結ぶ航路が描かれた江戸時代中期の地図
（『三国通覧図説』蝦夷国全図、1786年／早稲田大学図書館蔵）

北方の開拓と戦前の暮らし

第二次世界大戦以前、ソ連（ロシア）による占拠が始まる前の北方領土とそこでの暮らしはどのようなものだったのだろうか。国後島や択捉島には、もともとアイヌの人々が暮らしていた。江戸時代初期の1635年、現在の北海道の南西部を統治していた松前藩は、千島、樺太をふくむ蝦夷地の調査を始めていた。この調査にもとづいて江戸幕府が作成した地図（『正保国絵図』、1644年）には、すでに「クナシリ」（国後）や「エトホロ」（択捉）の地名が記されていた。また、1754年には、松前藩が国後島に商業場をつくって現地のアイヌの人々との交易に従事し、のちに支配するようになっていった。実際に、当時の地図（『三国通覧図説』蝦夷国全図、1786年）では、国後島や択捉島の間に航路がひらかれていたことがわかる。その後も、江戸幕府は北方の島々の実地調査を重ね、ロシアからの船が付近に現れるようになると、幕府が直接蝦夷地の支配を進めた。

明治時代以降、北海道の開拓が進むにつれて、北方領土にあたる島々には日本各地から多くの人が移り住んだ。彼らは豊かな水産資源に囲まれて、漁業および水産加工業を中心とした生活を営んでいた。捕獲された水産物は、塩ザケや干しダラ、缶詰などに加工され、北海道の根室や函館への定期船を通じて、国内に限らず海外にも輸出された。

人々の暮らしを支える公共施設も整備された。各地に郵便局が置かれ、根室と国後の間には海底ケーブルが設置されていた。早い時期から学校教育も実施され、終戦時には計39の学校があった。このほかにも、村役場や警察署、裁判所出張所、気象観測を行う測候所などがあった。

北方開拓で活躍した人々

北方開拓と領有権の確立は、勇敢な探検家と商人がいなければできなかっただろう。1785年、ロシアに対する防衛のため、江戸幕府自ら北方四島と千島列島の調査を実施した。このとき、同行した最上徳内（山形出身）は、択捉島に居住していたアイヌの人々や漂着したロシア人と接触した。さらに、彼はウルップ（得撫）島の最北端に至った最初の日本人となった。近藤重蔵（江戸出身）が隊長をつとめ最上も同行した1798年の探検では、択捉島に「大日本恵登呂府」の標柱を建てて領有を宣言した。その頃、商人の高田屋嘉兵衛（淡路島出身）は、箱館（函館）を拠点に大坂（大阪）との貿易を行う北前船を営んでいた。高田屋は国後と択捉間の航路を調査し、漁場を開拓した。また、彼はロシアとの外交交渉でも活躍した。

▲最上徳内（1755～1836／九州大学附属図書館蔵）

▲海岸でのタラ干し風景（左）（色丹島）、島民の運動会（右）（多楽島）
（公益社団法人千島歯舞諸島居住者連盟提供）

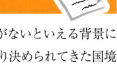
◀アメリカ・イギリス・ソ連の首脳によるヤルタ会談(1945年2月)

ロシアとのみぞと解決への努力

ロシアによる占拠と現状

　第二次世界大戦中の1945(昭和20)年8月8日，ソ連(ロシア)は，日ソ中立条約があるにもかかわらず日本に対して宣戦布告し，日本がポツダム宣言を受諾して降伏したあとの8月28日から9月5日までの間に，北方四島(択捉島，国後島，色丹島，歯舞群島)のすべてを軍事占拠した。当時の北方領土にはソ連人は居住していなかったにもかかわらず，ソ連は1946年2月2日に一方的に自国領に編入したので，そこで平穏に暮らしていた1万7000人あまりの日本人は自ら脱出するか，強制的な退去を余儀なくされた。島民の約半数は自ら脱出したが，それ以外の島民は，樺太での厳しい抑留生活のあとに函館に強制送還された。

　現在，約1万7000人のロシア人が，国後島，択捉島，色丹島に居住している。歯舞群島にはロシア国境警備隊が常駐しているだけである。北方領土は日本の領土でありながら，今日そこに日本人は1人も居住していない。また，2006年には，歯舞群島の貝殻島沿岸の日本の領海内で，日本の漁船がロシア警備艇の銃撃を受け，乗組員1名が死亡する事件が発生した。北方領土の周辺海域では，領土問題が未解決であるために，このようなさまざまな問題も生じている。

領土交渉の経緯

　そもそもロシアの占拠に法的根拠がないといえる背景には，これまで日本とロシアとの間で取り決められてきた国境に関する約束がある。ここでは少し時間をさかのぼって，国際的な場でどのような約束がされてきたのかを見ていこう。

　日本とロシアの接触は，17世紀ころから始まった。ロシアは17世紀の終わりにカムチャツカ半島を占領して，千島列島を南下し始め，他方で，日本は1785年以来，江戸幕府が千島列島の調査のために北上し始めた。その後の1855年に，国境画定と日本の開港を内容とする日露通好条約が調印された。その中では，択捉島とウルップ(得撫)島との間を国境とし，択捉島以南の全島は日本に，ウルップ島以北の千島列島(クリル諸島)はロシアに属することが決められた。樺太には境界を定めず，両国民の混住の地とされた(地図Ⓐ)。

　その20年後の1875年に結ばれた樺太・千島交換条約では，日本が樺太全島をロシア領として認める代わりに，ロシアが千島列島(クリル諸島)を日本にゆずることとした(地図Ⓑ)。この条約では，千島列島(クリル諸島)を意味するシュムシュ(占守)島からウルップ島までの18の島々を一つ一つ明示しており，この中に北方四島はふくまれていなかった。

　その後，日ロ間の国境は，戦争の勝敗により変化していった。1905年，日露戦争後に結ばれたポーツマス条約により，日本は北緯50度以南の南樺太を手に入れた(地図Ⓒ)。また，第二次世界大戦で敗戦した日本は，1951年にサンフランシスコ平和条約に調印し，千島列島と南樺太を放棄した

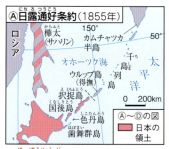

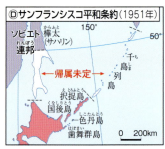

■北方領土周辺の国境の移り変わり

（地図Ⓓ）。ここで放棄した千島列島には，樺太・千島交換条約で示されたとおり，北方四島はふくまれていない。一方のソ連（ロシア）は，第二次世界大戦中の1945年2月，アメリカ・イギリスとともにヤルタで会談し，千島列島・南樺太のソ連帰属を密約していた。しかし，この約束は公的なものではない密約であり，さらに千島列島は以前に平和的に交換されていた事実を忘れてはならない。

ヤルタ会談やサンフランシスコ平和条約で千島列島（クリル諸島）の範囲があいまいであったことが，その後の北方領土問題へとつながっている。つまり，日本の考える千島列島には北方四島がふくまれないのに対し，ロシアの考える千島列島はシュムシュ島から北方四島まで及び，両国の解釈には違いがある。なお，サンフランシスコ平和条約では，千島列島と南樺太は放棄されただけであり，その後の帰属先は決定されていない。ロシア（ソ連）がサンフランシスコ

▲エリツィン・ロシア大統領と橋本首相による川奈会談のようす（静岡県，伊東市，1998年）　エリツィン大統領のとき（1991～99年）に日ロ関係が友好的に進み，北方領土問題の解決にもっとも近づいたといわれる。

平和条約に署名していないので，日本は2国間の交渉と平和条約によってこの北方領土問題を解決しなければならない状況におかれている。

問題解決に向けた歩み

日本とロシアは，首脳会談を重ねることで交渉を続けている。1956（昭和31）年の日ソ共同宣言で，両国は国交を回復し，歯舞群島・色丹島の2島を平和条約の締結後に日本へ引き渡すことに同意した。しかし，冷戦におけるアメリカとソ連（ロシア）の対立や，日本とアメリカの関係強化を背景として，解決に向けたソ連の姿勢は後退した。1960年に日本が日米新安全保障条約に署名するやいなや，ソ連は歯舞群島・色丹島返還の前提として「日本領土からの外国軍隊の撤退」という新たな条件を一方的に提示し，翌年には，領土問題はすでに解決済みであるという立場をとるようになった。

1985年，ゴルバチョフがソ連の書記長（事実上のトップ）に就任すると，日ソ間の対話も徐々に再開された。1991（平成3）年の日ソ共同声明では，北方四島が平和条約において解決されるべき領土問題の対象であることが初めて文書の形で示された。さらに，ソ連解体後の1993年に調印された東京宣言では，歴史的・法的事実にもとづいて領土問題を解決し，平和条約の締結に向けて交渉を続けていくことが決められた。2001年のイルクーツク声明でも，1956年の日ソ共同宣言が交渉の出発点を設定した基本的な法的文書であることが確認され，問題解決への着実な歩み寄りがみられた。

外交以外の面でも，さまざまな努力が行われている。例

年（月日）	おもなできごと
1855	日露通好条約（伊豆下田にて調印）❶
1875	樺太・千島交換条約 ❷
1905	ポーツマス条約（日露戦争の講和条約）
1917	ロシア革命により社会主義のソビエト政権樹立
1922	ソビエト社会主義共和国連邦（ソ連）が成立
1939	第二次世界大戦開始（～1945年）
1945（2月）	ヤルタ会談（米英ソ）❸
1945（8月8日）	ソ連の対日宣戦
（8月14日）	ポツダム宣言受諾（日本無条件降伏）
（8月28日）	ソ連が北方四島を占領開始（～9月5日）❹
1946	北方領土を一方的にソ連領に編入，北方四島に住む日本人の強制退去
1951	サンフランシスコ平和条約（第二次世界大戦の講和条約）❺ ソ連は署名せず
1956	日ソ共同宣言 ❻ 日ソの国交回復，平和条約締結後に歯舞・色丹の2島返還で合意（国後・択捉は交渉を続ける）
1960	日米新安全保障条約
1991	日ソ共同声明（ゴルバチョフ大統領）❼ ソ連が北方四島を領土問題として初めて認める ソ連解体，ロシア連邦へ
1992	北方四島交流事業（ビザなし交流）の開始 ❽
1993	東京宣言（エリツィン大統領）❾ 領土問題の解決による平和条約の早期締結が明記される
2001	イルクーツク声明（プーチン大統領，森首相）❿ 日ソ共同宣言が法的文書であることが認められ，領土問題解決と平和条約の締結をめざすことを再確認
2004	プーチン大統領，歯舞・色丹の2島返還方針を表明
2010	メドベージェフ大統領，国後島訪問 ⓫ ソ連をふくむロシアの指導者として初
2012	メドベージェフ首相，国後島訪問
2015	メドベージェフ首相，択捉島訪問

■北方領土問題の経緯　　※　　は問題のターニングポイント

ここも見てみよう　サンフランシスコ平和条約➡p.20

えば、1992年からは、ロシア側からの呼びかけによって、相互の生活や文化を尊重し理解を深めるための北方四島交流事業(ビザなし交流)が始まった。また、元島民とその家族への配慮から、北方四島への自由訪問・墓参も実施されている。ほかにも日本は、北方四島からの患者の受け入れや、医師・看護師の研修など、人道的な支援も行っている。

日口両国が交渉の重要性を確かめ合う一方で、近年は、ロシアの強硬な姿勢もみられる。ロシア政府は、2007年からの経済政策として、新しい空港の建設など北方領土の生活基盤の整備を推し進めている。2010年には、メドベージェフ大統領がロシアの首脳として初めて国後島を訪問した。その後も、首相として2012年に国後島、2015年には択捉島を訪問し、ロシア政府が北方領土の整備と経済発展に力を入れていることをアピールしている。

2012年に再び大統領に就任したプーチンは、柔道の言葉になぞらえて、どちらかの「一本勝ち」をめざすのではなく、「引き分け」、つまり両者が妥協して、たがいが納得のいく解決策を見つけるべきだとの見解を示した。実際に、ロシアが中国との領土問題を2等分するという方法で解決した例もある。一方の日本は、日本固有の領土として北方四島すべての返還をめざしている。いずれにせよ平行線をたどっているこの問題の解決に必要なことは、平和条約締結に向けて、交渉や交流を通して両国間の距離を縮めていくことにほかならない。

▲新しく整備されたイトゥルップ空港(択捉島、2014年9月開港)

◀択捉島のサケ加工工場を視察するメドベージェフ首相(写真中央)(2015年8月)

問題の背景～ロシアの立場

ロシアが北方領土を自国の領土とする根拠としているのはヤルタ協定である。このヤルタ協定は、第二次世界大戦中の1945年2月、アメリカ・イギリス・ソ連(ロシア)の3か国の首脳がクリミア半島のヤルタでの会談で約束したものである。ヤルタ協定は、ソ連が第二次世界大戦において日本に対して参戦することを条件として、日露戦争という日本の「背信的攻撃により侵害された」ロシアの権利を回復するために、南樺太のソ連への返還と、「千島列島(クリル諸島)」のソ連への引き渡しを約束したものであった。この内容は、その後のサンフランシスコ平和条約(1951年)で確認され、日本も「千島列島(クリル諸島)」に対するすべての権利を放棄することに合意したので、日本は千島列島を領有しえないとの見方だ。

千島列島に北方領土がふくまれるかどうかについて、ロシアは、北方四島を日本の領土と承認した1855年の日露通好条約の前提が、「ロシアと日本の永続的な平和と心からの友好」にあったが、日本による日露戦争と第二次世界大戦という領土拡張は、これらの前提を崩壊させたのだとしている。こうした根拠をもとに、ロシアは北方領土をふくむ千島列島全島に対して合法的な領有権を主張している。

一方の日本は、歴史的な経緯を見れば、北方領土がこれまで一度も外国の領土となったことのない日本の領土であることは明白だと考えている。国際法上、(1)日露通好条約(1855年)で、北方四島が日本の領土だと決められたこと、(2)樺太・千島交換条約(1875年)で明示されたとおり、千島列島には北方領土はふくまれていないこと、(3)サンフランシスコ平和条約(1951年)で放棄した千島列島は、ウルップ島以北の千島列島のみであることがその根拠となっている。このサンフランシスコ平和条約における千島列島の解釈は、この条約の当事国であるアメリカも、1956年の対日覚書で公的に認めている。第二次世界大戦当時、有効であった日ソ中立条約を無視して日本に宣戦布告し、一方的に北方四島を自国領にしたロシア(ソ連)側の言い分は、日本にとってはとうてい受け入れられないものである。

クローズアップ

日ロのかけ橋へ
北方四島交流事業（ビザなし交流）

▲根室港出航前の船舶「えとぴりか」と訪問団

北方四島交流事業（ビザなし交流）とは

　北方四島交流事業（以下，ビザなし交流）とは，パスポート（旅券）やビザ（査証）の検査なしに，日本人が北方領土を訪れたり，北方領土に住むロシア人が日本を訪れたりして交流を深めるための事業である。

　日本国内である北方四島（択捉島，国後島，色丹島，歯舞群島）には，本来，私たちは自由に行き来できるはずである。しかし，現実にはロシアによる法的根拠のない占拠状態が続いていて，私たち日本人がビザを申請して北方領土へ旅行や渡航をすることは原則としてできない状況にある。仮にビザを取得して北方領土へ渡航した場合，ロシアの法律に従うこととなり，北方領土がロシアの領土であることを認めることになるからである。そのため日本政府は，ロシアのビザを取って渡航を行わないよう日本国民に要請している。現在，日本人が北方領土に渡航できるのは，ビザなし交流のほか，人道的見地から実施されている北方墓参・自由訪問によってである。

　ビザなし交流は，1991（平成3）年4月にゴルバチョフ大統領が来日した際，ソ連（ロシア）側から「日本国民と北方四島住民との交流拡大及び日本国民による北方四島へのビザ（査証）なしの訪問」が提案され，1992年から開始された。日ロ間の平和条約締結問題が解決されるまでの間，相互理解を深めることを目的としている。日本側からは，北方領土に居住していた人，北方領土返還要求運動関係者，学術・文化の専門家などが訪問している。近年は，中学・高校の教員・生徒も参加している。また，北方四島に住むロシア人を日本に招き，日本の文化体験，産業施設や学校の視察など，地域住民との交流も実施している。交流事業開始から2015年までの24年間で，延べ328回，1万2439人の日本人が北方四島を訪問し，延べ222回，8859人の北方四島に住むロシア人を受け入れている。

　ビザなし交流には，この交流事業のために建造された新船舶「えとぴりか」が2012年から使われている。この船名は，根室半島や北方四島の海域に生息する海鳥エトピリカに由来する。オレンジ色のくちばしに頭からたれ下がるクリーム色の羽をもち，真っ白な顔をした鳥である。北方四島と日本本土を自由に行き来する海鳥「エトピリカ」の美しい姿は，ビザなし交流による相互訪問や元島民の熱い思いがあふれる自由訪問のイメージと重なることから船名に採用された。

エトピリカ

ここも見てみよう　ロシアと中国の領土問題解決➡p.48-49，パスポートとビザ➡p.12

北方四島交流事業（ビザなし交流）のようす

2014年のビザなし交流 －国後島訪問－

　ビザなし交流には，日本側から訪問する事業と，北方四島に住むロシア人を受け入れる事業とがある。訪問事業は，毎年十数回，居住者のいる択捉島，国後島，色丹島のいずれかの島を対象に行われている。この中で，2014（平成26）年8月15日から3泊4日の日程で行われた国後島訪問のようすを紹介する。参加者は，中学・高校の教員22名，生徒19名のほかに，国会議員，内閣府・外務省の職員，医師，通訳，事務局職員を含む総勢64名であった。

　根室港の岸壁での出発式ののち，訪問団は「えとぴりか」に乗り込んで国後島に向けて出航した。夏の北海道東部は濃霧におおわれる日が多いが，この日は晴れわたり，海上は穏やかであった。40分ほどで中間線（北方領土は日本固有の領土であり，外国ではないので国境とは言わない）を通過し，そこからさらに2時間かけて国後島の中心都市である古釜布（ロシア語でユジノクリリスク）の港に到着した。島での宿泊先は「日本人とロシア人の友好の家」である。国後島以外の島への訪問では，宿泊施設がないため，毎晩「えとぴりか」での寝泊まりとなる。

島におり立った印象 －島内のインフラ事情－

　古釜布の港に入ってまず目に入ってくるのは，高台に集まる建物だ。地区行政府をはじめとする町の繁華街はもともと低地にあったが，地震による津波でその

▲古釜布の地区行政府

多くが流され，その後台地の上に移った。低地は放牧などに利用され，耕作地はほとんど見られない。島のあちこちでは，地熱発電の白煙が上がっていた。

　訪問した地区行政府やロシア正教会の教会などは，ここ数年で建て替えられた新しい建物であっ

▲建て替えられた教会

た。この背景には，ロシア政府が進める「新クリル発展計画」がある。2007〜15年にかけて，北方領土の港湾・道路の整備，エネルギー関連施設の整備，漁業振興や観光開発に予算が投入されている。近年，ロシア政府要人が北方四島を訪れていることからも，ロシアが北方領土への投資を重要視していることがわかる。2010年10月に当時のメドベージェフ大統領が国後島を訪問して以降，島の中枢となる建物やエネルギー関連施設への着工がとくに顕著に進んだ。古釜布の町中では，工事のために雇用された中国や北朝鮮からの労働者のすがたが見られた。

　一方で，町の整備は島のすみずみにまでは行き届いていないのが現状のようである。国後島では古釜布の町中の道路だけが舗装されており，町の中心から1kmほど外へ出れば砂利道で，車が走ると土ぼこりで先が見えなくなるほどである。

　港では，1994年の北海道東方沖地震で座礁・沈没したままの船があちこちに見られ，こちらも整備が追いついていない印象を受けた。また，「えとぴりか」のような大型船は接岸できないため，はしけぶねに乗り換えてようやく上陸できる。国後島に限らず北方四島では港湾の整備が進んでいないことから，荒天で上陸できずに訪問が見送られることもある。

訪問で体感した島民の生活・文化

　北方領土に住むロシア人は，日本にどのようなイメージを持っているだろうか。交流を通して実感したのは，日本に対しての関心が高く，親日的な島民のすがたで

ある。交流事業で日本をすでに訪問している島民が多いので、日本文化や日本の生活への理解があり、コミュニケーションの心配は無用であった。また、町の郷土博物館では、国後島の自然に関する資料のほか、ビザなし交流での訪問団が贈呈したと思われる日本人形や日本の着物、工芸品などが展示されていた。着物を着ることにあこがれをいだく島民も多いという。

さらに、町中にも日本製のものがあふれている。道路を走る車のほとんどが日本車であるし、ロシア人宅への家庭訪問では、日本製の電化製品が多く見られた。ロシア人の家族も、日本製品への信頼が高いと話す。ただし、近年は価格の安い韓国製や中国製の電化製品が売れているようである。

また、ロシアでは、日本生まれの柔道や空手道がさかんである。ビザなし交流の定例行事となっている交流会では、国後島の子どもたちと北海道の高校生による空手道の演舞が披露された。国後島の子どもたちの姿勢や演舞の切れの良さからは、すぐれた指導者の存在が感じられた。

▲島に住むロシア人の家庭のようす

北方領土での教育事情

島に住む子どもたちに目を向けてみよう。北方領土の学校は4年(低学年)、5年(中学年)、2年(高学年)の11年制である。通学にはスクールバスも使われている。9年生と11年生には全国共通テストがあって、一定以上の得点が取れないと留年となり、この試験が高校や大学などの進路を左右する。高校からは島外への進学となるが、北方領土の生徒は学習意欲が高く、進学率が高い数値で安定しているとのことであった。11年間の島での義務教育は無償で受けられる。

幼稚園は、島内に三つあるが、翌年にもう一つ つくられるほどのベビーブームである。北方領土の公務員には本土より高い遠隔地手当がつくため、若いときに本土から移住して子育てをしながら貯金し、やがて本土へ戻る人が多いのだという。公務員のほかに、島の中心産業である水産業に従事している人も多い。

交流がみちびく先は

訪問事業のプログラムには、元居住者の祖先が眠る墓地への墓参が必ずもりこまれている。島の日本人墓地は、日本の寺院

▲手入れがされている日本人墓地

の墓地ほど整然とした雰囲気ではないが、雑草はかり取られており、現地のロシア人による誠意が感じられた。

一方、訪問事業の帰りの「えとぴりか」には、決まって島に住む数人のロシア人も乗船する。日本本土の大きな病院への通院のためだ。日本は交流事業以外にも、島の病院では治療の難しい患者を、北方四島の住民に対する人道支援として受け入れている。

人と人の地道な交流は、着実に日本とロシアを結んでいる。こうした事業に参加した子どもたちや教育者が、自らの体験をどう考え、伝え、共有していくのか。国と国の問題を解決する糸口は、そこにあるのかもしれない。

▲島の子どもたちによる空手の演舞

5 日本と韓国の間でゆれる竹島

▲竹島（島根県，隠岐の島町）

竹島の自然と生活

人の住まない日本海の孤島

　日本海のただなかに，二つの巨大な岩のように見える島がそびえている。大きい島は西島（男島），やや小さめの島は東島（女島）と呼ばれており，これが竹島の主要な二つの島である。大きさからすれば，人が住むのには十分な広さがありそうにみえる。しかし，いずれの島も，断崖絶壁に囲まれており，草木もわずかだ。実際，飲み水もとぼしいので，生活には適していないであろう。

　竹島がどのような島なのか，ここではもう少し詳しくその地理的な特徴をみておこう。竹島は，上記の二つの島と数十の小さい島々の総称であり，島根県に属している。海底火山活動によって形成されたこれらの島々は，すべての面積を合わせると，東京ドーム約5個分である（0.21㎢）。本州から約67kmはなれている隠岐が一番近くの有人島であるが，そこからも約158kmはなれている。竹島は，60年ほど前までは定住者のいない島であったが，現在は韓国によって占拠されているため，日本の一部でありながら日本人には近づくことのできない島となっている。

生活の場としての竹島

　竹島は植物も育ちにくく，人の定住にも適さないため，島そのものの有用性はとぼしい。それにもかかわらず，なぜ竹島は古くから日本の人々の関心を集めてきたのだろうか。また，竹島はこれまで人々の生活の中でどのように利用されてきたのだろうか。

　竹島周辺の海域は，南からの暖流と北からの寒流とが

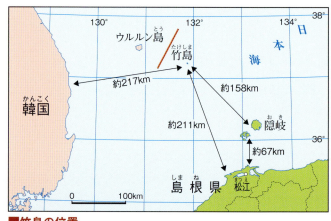

■竹島の位置

▲竹島でのアシカ猟のようす（1935年/個人蔵 島根県竹島資料室提供）

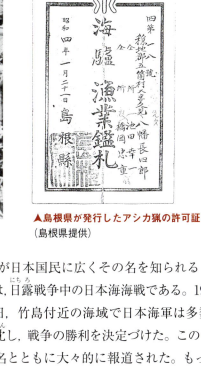
▲島根県が発行したアシカ猟の許可証
（島根県提供）

交わる「潮目（潮境）」となっているので水産資源が豊かであり，古くから漁業がさかんであった。江戸時代，ウルルン（鬱陵）島は「竹島」，現在の竹島は「松島」と呼ばれていた。江戸時代の初期（17世紀初め）には，鳥取藩の町人が，幕府の許可を得てウルルン島にわたる際，竹島（当時は「松島」）を航路の目印として，またアシカなどの漁猟地として利用していた。このことから，遅くとも17世紀半ばには日本が竹島の領有権を確立していたと考えられる。19世紀には，イギリス・フランスの船が訪れた記録が残っており，フランスの艦隊によってつけられたリャンクール岩という名称がその後欧米で定着した。やがて隠岐でも，リャンクール岩に由来するりゃんこ島が竹島の呼び名として用いられるようになった。りゃんこ島にはニホンアシカが多数生息していたが，明治以降にその油と皮革への需要が高まり，数多く捕獲されるようになった。1904年頃から韓国人漁師もやってくるようになると，乱獲をおそれた業者のひとりが日本政府に対してりゃんこ島を編入するよう陳情した。これを受けて，1905（明治38）年1月28日，日本政府は島名を竹島とし，竹島を島根県に編入することを閣議で決定した。上記のように，日本はすでに17世紀半ばには竹島の領有権を確立していたが，この閣議決定は，日本が竹島を領有していることを，あらためて確認したものであると考えられる。この決定後，島根県知事は，竹島を官有地台帳に登録するとともに，アシカの捕獲を許可制とした。これらの措置によって，日本の主権が竹島に及んでいることがはっきりとし，日本による竹島の領有には実効的な支配がともなっていることが明確になった。

竹島の存在が日本国民に広くその名を知られるきっかけとなったのは，日露戦争中の日本海海戦である。1905（明治38）年5月27日，竹島付近の海域で日本海軍は多数のロシア艦船を撃沈し，戦争の勝利を決定づけた。このニュースは，竹島の名とともに大々的に報道された。もっとも，竹島の名で同島が閣議決定により正式に島根県に編入されたのは海戦よりわずか4か月前のことであったため，竹島という島名は世間では広く知られていなかった。そのため，新聞の第一報では別の名称で報道されたが，数日後に竹島に訂正された。

島根県の許可制となったアシカ猟は30年以上続き，隠岐の人々の生活を支えたが，乱獲によるアシカの激減と太平洋戦争の影響により，1941（昭和16）年以降は行われなくなった。第二次世界大戦後，日韓漁業協定により，日本の漁船は竹島から少し離れた周辺海域では操業可能となり，現在はベニズワイガニの主要な漁場となっている。また最近の調査から，竹島付近の海底にはメタンハイドレートなどの鉱産資源が多量に存在するとされている。

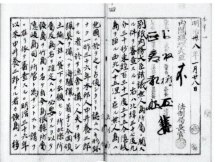
▲竹島の領有を閣議決定した文書（1905年/国立公文書館所蔵）

ここも見てみよう　メタンハイドレート ➡p.45

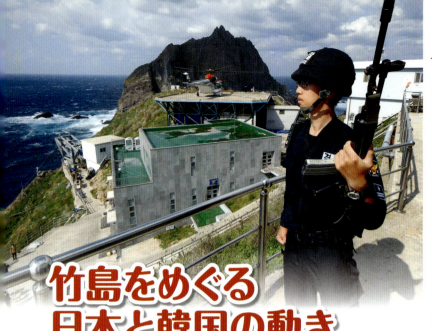

◀竹島で監視にあたる韓国警備隊(2007年)

年	おもなできごと
17世紀	幕府が竹島での漁を許可,領有権を確立❶
1904	日露戦争開始
1905	日本,竹島の島根県編入を閣議決定(1月)❷
1905	日本海海戦(5月)
1910	韓国併合
1945	太平洋戦争終結。日本降伏
1951	サンフランシスコ平和条約調印。竹島は日本の放棄対象にふくまれず❸
1952	韓国,李承晩ラインを設定(1月)❹
1952	サンフランシスコ平和条約発効(4月)
1954	韓国,警備隊(警察)の常駐を開始(7月)
1954	日本,国際司法裁判所での裁判を提案(9月 第1回)
1962	日本,国際司法裁判所での裁判を提案(第2回)
1965	日韓基本条約及び日韓漁業協定締結,李承晩ライン廃止❺
1974	日韓北部境界画定協定及び日韓大陸棚南部共同開発協定締結
1994	国連海洋法条約発効
1999	日韓新漁業協定締結
2012	韓国の李明博大統領,竹島に上陸(8月10日)
2012	日本,国際司法裁判所での裁判を提案(8月21日 第3回)

■日本と韓国の関係年表

竹島をめぐる日本と韓国の動き

李承晩ラインの一方的設定

　日韓間の竹島をめぐる対立は,第二次世界大戦後に始まった。ここでは現在の事態にいたるまでの経過をたどっておこう。戦後,勝利した連合国の指示により,竹島は戦争に敗れた日本の行政権が一時的に及ばない区域内となり,日本漁船の竹島近海への出漁が禁止された。その後,日本は,戦勝国との間で法的に戦争を終わらせ,日本の領土の範囲を画定するため,1951(昭和26)年9月にサンフランシスコ平和条約に署名した。❸この平和条約で,日本は朝鮮の独立を承認するとともに,「チェジュ(済州)島,コムン(巨文)島,ウルルン(鬱陵)島を含む朝鮮」を放棄することが規定された。規定には,もともと日本の領土であった竹島は,当然のこととして日本が放棄すべき地域に含まれていなかった。実際,条約の作成段階で韓国は,条約作成にあたっていたアメリカに対して,日本による竹島の放棄を規定するように求めたが,アメリカは,竹島が韓国の領土であったことはないとして,韓国の要請を拒否したのだった。したがって,サンフランシスコ平和条約からも,竹島が日本の領土であることは明らかであると考えられる。

　そのため韓国の李承晩大統領は,このような条約による領有権の処理を不服として,平和条約発効直前の1952(昭和27)年1月に突如「海洋主権宣言」を行い,韓国政府が一方的に設定した線(李承晩ライン)の内側で他国漁船が操業できないようにした。❹このような措置に対してアメリカ,イギリス,中国(台湾)と日本は,公海漁業の自由を侵すものであり国際法違反の行動であるとして,強く抗議した。韓国は,各国からの抗議にもかかわらず,李承晩ライン内で操業を行う日本漁船への銃撃・拿捕(船を捕まえること),逮捕した漁民の長期抑留などを開始した。さらに1954(昭和29)年には警備隊を派遣し,竹島を実力で占拠した。その後,韓国は竹島に警備隊を常駐させるだけではなく,灯台,無線施設,居住施設の建設などを進

■李承晩ライン

32　日本と韓国の間でゆれる竹島

めていった。2005(平成17)年以降は，観光目的での一般人の来訪も認めている。日本政府は，占拠直後より韓国の措置を国際法違反の行為であるとして一貫して抗議を行っている。

将来の解決にむけて

現在，日本と韓国は，竹島問題の解決について話し合いができない状況にあるが，今後この問題についてどのように取り組んでいくべきだろうか。国際法上，国家は他国との紛争を，交渉・調停・裁判などの平和的手段で解決しなければならず，武力行使による紛争解決を行ってはならないとされている。したがって，1954年に韓国が行った実力による竹島の占拠と現在における占有の強化は，明らかに国際法違反の一方的措置である。これまで日本は，竹島問題の平和的解決，とりわけ国際司法裁判所における司法的解決(裁判での解決)を韓国に提案するなど，紛争解決の努力を継続している。しかし，韓国は一貫して紛争の存在を認めず，日本の提案を拒否し続けている。

国際社会では，主権平等，そのひとつの表れとして国家間の合意が重視されるため，紛争解決も両国間の合意が形成されない限り，なかなか進展しない。したがって領土問題を解決するためには，遠回りにはなるが，まずは両国間の関係全体を良好なものにする必要がある。日韓関係の進展がそのような意味でまったくなかったわけではない。日韓両国は，両国間の基本的枠組みである日韓基本条約をはじめ，交渉の段階で領土問題の解決を前提としないで，個別の問題の解決をはかってきた。例えば日韓基本条約では，交渉の段階で領土問題を切り離すことで国交正常化を含む条約締結にこぎつけた。海洋問題に限っても，両国は原油・天然ガスなどの海底鉱産資源の開発，漁業について2国間の合意を結んできた。漁業問題に関

▲首相官邸で行われた日韓基本条約調印式(1965年)

問題の背景〜韓国の立場〜

韓国の立場は，(1)6世紀以来韓国は竹島を領有してきた，(2)1905(明治38)年の島根県編入決定により同島を日本に奪われたが第二次世界大戦後には日本の領有は無効となった，というものである。韓国によれば，512年以来，韓国の文献と地図が同島を呼称は異なるが韓国の領土として記録しており，その後の文献からも韓国の領有権が確立していたことが示されるとする。そのうえで韓国は，1905(明治38)年の閣議決定により同島が日本による韓国侵略(韓国併合)の最初の犠牲地となったとする。このような前提のもとで韓国は，第二次世界大戦後に日本による韓国領有が無効となったのであるから，韓国の固有の領土である「独島」(竹島の韓国名)の日本による領有も無効となったのだ，と主張している。このほか，江戸時代から日本の領有権が確立していたとの主張に対しては，1877年の太政官(明治維新政府の最高官庁)の布告に「竹島(現在のウルルン島)及びもう一つの島(現在の竹島)は日本とは無関係である」とあり，日本政府自身が竹島の領有権を否定していた，と反論している。

このように韓国は，韓国併合(植民地支配)と竹島問題とを同一視し，同島が6世紀以来の固有の領土であるという立場をとっており，日本の国際司法裁判所への付託提案について，「独島」が自国の固有の領土である以上日本との間に領土紛争は存在しないとして，国際司法裁判所での紛争解決を一貫して拒否し続けている。

一方，竹島の領有に関する日本政府の主要な見解は，(1)17世紀半ばに日本が領有権を確立していたと考えられる。(2)1905年に竹島の編入を閣議決定した。(3)サンフランシスコ平和条約に対する韓国側の主張を退けた。(4)韓国は李承晩ラインを設定，不法に竹島を占拠した。(5)日本は3度にわたり国際司法裁判所に付託することを提案，韓国は拒否を続けている，というものである。

ここも見てみよう　サンフランシスコ平和条約➡p.20

しては、日韓基本条約と同時に交渉が行われ、1965(昭和40)年に日韓漁業協定が締結され、これにより李承晩ラインが撤廃されることになった。その後、国連海洋法条約の発効にともない、両国が設定する排他的経済水域を調整するため、1999(平成11)年に新たな日韓漁業協定が締結された。この条約は、竹島周辺海域に一定の区域(北部暫定水域)を設定し、そのなかでは両国の漁船が操業できることとした。ただし、この水域には竹島から12海里(領海の幅)は含まれないので、いぜんとして日本人は竹島に近づけない。また海底資源開発について両国は、第1次オイルショックをきっかけに、1974(昭和49)年に大陸棚の一部の境界を画定した(日韓北部境界画定協定)だけでなく、一部の海域について日韓共同で海底資源の開発を行うことも合意した(日韓大陸棚南部共同開発協定)。現在も、排他的経済水域境界線の最終的合意に向けた外交交渉が続けられている。

このように日韓両国は、竹島の返還、両国間の排他的経済水域境界線画定がなされるまで漁業などの海の利用がまったくできないということを回避するために、暫定的な境界線や共同開発区域の設定といった方法で、個別分野での解決をはかってきた。今後も両国は、領土問題の解決をはかる一方で、両国のかかえるさまざまな問題について、話し合いのなかで解決する努力を継続していくべきであろう。

■日韓漁業協定による暫定境界線

国際司法裁判所

オランダのハーグにある国連の司法機関で、1945年に国連憲章により設立された。おもな任務は領土問題などの国家間の紛争を解決することと、国連の諸機関の求めに応じて法律問題について裁判所の見解(勧告的意見)を示すことである。裁判では、国籍の異なる15名の裁判官が事件を審理する。判決は15名の裁判官の多数決による。日本の司法制度が三審制をとっているのとは異なり、一審制であり、判決に不服な場合でも控訴は認められない。国内裁判所と異なり、国際司法裁判所では両紛争当事国が合意しない限り裁判を行えない。したがって竹島問題の場合、日本が単独で訴えたとしても、韓国が同意しない限りは裁判を行うことはできず、日本の訴えは「門前払い」されることになる。

国際司法裁判所はこれまでに150件近くの事案を扱ってきたが、そのうち約80％が国家間の紛争である。島の領有権をめぐる紛争としては、2002(平成14)年インドネシア・マレーシア間の紛争がある。この事案では、セレベス海北部のリギタン島・シパダン島の領有権が争われたが判決では、マレーシアによる海がめの卵と鳥類の保護が、領域の支配を実効的に行ってきた証拠として評価され、マレーシアに領有権が認められた。

これまでに3人の日本人が国際司法裁判所の裁判官を務めており、2015年現在は、元外務省事務次官の小和田恆判事である。2003(平成15)年に着任、2009年から3年間、日本人として初めて裁判所長を務めた。

▲国際司法裁判所(オランダ、ハーグ)

竹島をめぐる島根県の取り組み

◀▼竹島資料室で説明をきく子どもたち(左)，竹島学習リーフレット(下)(写真は3点とも竹島資料室提供)

　2005(平成17)年3月，島根県議会で「竹島の日を定める条例」が可決された。それは韓国に不法占拠されている竹島が，島根県に編入されてから100年となる節目の年だった。

　島根県は条例の制定以降，「島根県竹島問題研究会」や，「竹島資料室」を設置するなど，積極的な取り組みを進めている。「竹島資料室」は島根県が所有する絵図，古文書，公文書，「島根県竹島問題研究会」の研究成果など，約1200点の資料を収蔵し，それらの展示などを通して，竹島問題の広報，啓発に取り組んでいる。近年，展示スペースを拡張したり，研修室を整備したりすることで，子どもから大人までより深く竹島について学べる施設になった。

　また，島根県では条例制定の翌年から，領土編入を告示した2月22日の「竹島の日」に，竹島の領土権の早期確立，国民世論の高まり，国の取り組みを促すことなどをめざして，記念式典などを開催している。2013(平成25)年からは，記念式典に日本政府の関係者も出席している。

　島根県内の学校では，「竹島の日を定める条例」が制定される前から竹島に関する学習が行われていた。条例制定以降は，島根県教育委員会が作成した教材などを活用して学んでいる。竹島に関する学習を通して，竹島や竹島問題について理解するとともに，問題を解決しようとする意欲を高めたり，解決するための自分なりの考えをもったりすることをめざしている。島根県内の中学生を対象とした，竹島・北方領土問題を考える作文コンクールには，毎年約1000点もの作品が寄せられている。竹島問題を理解したうえで，「竹島問題を多くの人に伝えていきたい」「国際社会に訴え平和的に解決したい」といった，問題の解決に積極的にかかわりたいと考える生徒が増えており，竹島に関する学習の成果が現れている。

　竹島問題は国家の主権が侵害されている，国民全てに関わる重大な問題といえる。加えて，竹島を古くから漁猟の場として利用してきた隠岐の人々にとっては，ふるさとの一部がうばわれているという人権に関わる問題ともいえる。

　島根県民は日本と韓国の真の友好関係を築くため，一刻も早い竹島問題の平和的な解決を望んでいる。

▲竹島資料室の外観

6 海底資源で注目される尖閣諸島

▲尖閣諸島（上）、南小島のアホウドリ（下）

尖閣諸島の自然と生活

東シナ海の孤島

　15世紀、ナビゲーションシステムなどのない時代に、明（中国）の船が、東シナ海をわたって琉球まで行くことができたのは、尖閣諸島のおかげであった。航海技術のすぐれた明や琉球出身の船乗りにとって、海の上で自分たちの船の位置を正確に知る最終的な手がかりとなるのは、目印となる陸地であり、尖閣諸島もそのような目印の一つであった。もちろん、尖閣諸島をめざしていたとしても、気象条件によっては無事にたどり着けるとは限らない。船乗りは、のちにイギリスの船乗りによって「尖塔(Pinnacle)」とよばれた、塔のようにそそり立つ島々が水平線の向こうからようやく現れたとき、胸をホッとなでおろしたことであろう。

　ここでは、まず尖閣諸島の地理や自然についてみておくことにしよう。尖閣諸島は、魚釣島、南小島、北小島、久場島、大正島の五島と小さな岩礁からなる島々である。最大の魚釣島から久米島近くの大正島までは110kmも離れており、両島間にほかの島や岩礁が点在している。現在は沖縄県石垣市に属し、総面積は約5.15km²の小さな島々である。

　最も近い陸地である台湾と八重山列島は、いずれも約170km離れているが、約1万年前にはすべて中国大陸まで地続きであったと考えられている。このため、尖閣諸島にはセスジネズミなどのように八重山列島・台湾と共通する動物・植物が現在でも多数生息している。それ以外にも、動物ではセンカクモグラ、植物ではセンカクアオイなどの固有種が数多くあり、ビロウ(ヤシ科の木)が生い茂っていて、豊かな生態系が形づくられている。かつて島を埋めつくすほど生息していた海鳥は激減したが、現在も、オオ

■尖閣諸島の位置

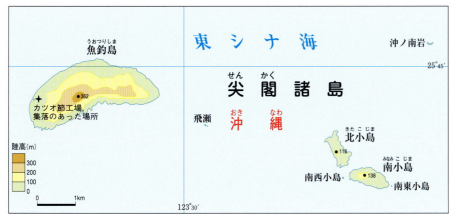

▲魚釣島で働く人々の集落(明治41年)

■魚釣島付近

アジサシ，カツオドリなどが生息している。またアホウドリは，一時は尖閣諸島では絶滅したと考えられていたが，最近になって南小島・北小島に生息していることがわかった。そのほか魚釣島では，近年日本の民間団体によって持ち込まれたヤギが数百頭にまで増加して島の植物に被害を与えていることがわかり，生態系への影響が心配されている。

尖閣諸島周辺の海は，台風や海流の影響でしけの時期が長いが，黒潮のおかげでカツオ，ハマダイなどのさまざまな魚が回遊してくる。またこのあたりは黒潮とともに北上してきたクロマグロが産卵をする海域でもある。

尖閣諸島の産業

尖閣諸島とそのまわりの海は，古くから沖縄や台湾の人々の活動の場であった。ここでは，尖閣諸島と人々の暮らしとのかかわりが，どのように移り変わっていったのか，みてみよう。14世紀後半に琉球が明と国交を開き，明の皇帝に琉球の王が貢物をする朝貢貿易を開始すると，両国間を多くの船が往来するようになった。このような往来は，朝貢貿易が終わる19世紀後半まで続いた。19世紀半ばになると，調査，測量などで欧米の船が尖閣諸島周辺の海域を航行するようになった。

1880年代後半(明治初期)には，沖縄本島の漁師が夜光貝を求めて尖閣諸島までやってくるようになった。当時，採取された貝は貝ボタンの材料として，沖縄本島，大阪を経て，神戸から欧米に輸出された。また19世紀末のヨーロッパでは，布団や衣類・帽子の装飾用として，海鳥の羽毛の需要が急速に高まっていた。このため，羽毛輸出は多大な利益を上げられる事業となり，1890年代にはいると，尖閣諸島でもアホウドリの羽毛採取が開始された。日本政府は1885年以降，たびたび現地調査を行っていたが，清(中国)をふくむどの国の支配も及んでいないことを確認したうえで，1895(明治28)年1月に，尖閣諸島を沖縄県に編入することを閣議決定した。これを受けて，福岡出身の商人，古賀辰四郎は，羽毛採取を独占的に行おうと考え，島の開発許可を申請した。古賀は県から島の無償貸与が認められると，尖閣諸島での独占的事業を開始した。乱獲により羽毛採取が数年で採算が取れなくなると，島ではカツオ漁・カツオ節製造などが始まった。事業の最盛期には，魚釣島には100軒ほどの家屋が立ち並び，200人以上の労働者が生活していた。やがて島外からの漁師も付近でカツオ漁を行うようになったが，第二次世界大戦直前には，アメリカの石油禁輸による燃料不足のため，島外の漁船も尖閣諸島付近までは来なくなっていた。このころ，カツオ節工場も閉鎖され，島は再び無人島となった。

年	おもなできごと
14世紀後半	琉球と明との間で朝貢貿易が開始される❶
1879	琉球処分(琉球藩，沖縄県となる)
1885	沖縄県，尖閣諸島調査を実施(87, 92年には海軍が調査実施)
1894	日清戦争
1895 1月	日本政府，だれの土地でもないことを確認のうえ，魚釣島，久場島の沖縄県編入を閣議決定(無主地先占)❷
1895 4月	下関条約により台湾が日本領になる
1896	沖縄県，魚釣島ほか三島を編入の上，古賀辰四郎に30年間無償貸与❸
1921	大正島が国有地となる
1932	魚釣島，南・北小島，久場島が個人所有となる(政府から払い下げ)
1940	魚釣島のカツオ節工場閉鎖

■尖閣諸島の歴史(1945年まで)

ここも見てみよう　琉球→p.18，カツオ漁→p.41

▲魚釣島付近で警戒にあたる海上保安庁巡視船（2010年）

尖閣諸島をめぐる日本と中国の動き

海底資源の発見と周辺諸国との対立

　尖閣諸島をめぐる日本と中国との対立は、なぜ生じたのであろうか。戦後の日中関係の変化が尖閣諸島を取り巻く状況にどのような影響を及ぼしたのか、振り返ってみることにしよう。

　第二次世界大戦後の1951（昭和26）年、サンフランシスコ平和条約により日本の領土の範囲が定められ、中国との関係では日本は台湾を放棄した。当時、中国には、内戦に敗れて台湾にのがれた中華民国（国民党）と、誕生したばかりの中華人民共和国とが並存していたが、いずれも会議には参加しなかった。またサンフランシスコ平和条約により、尖閣諸島は沖縄の一部として米国の施政下におかれることとなったが、台湾からも中国からもこれに異議はとなえられなかった。日本は翌年、国連で中国を代表する政府として認められていた中華民国政府（台湾）との間で日華平和条約を締結して国交を回復した。一方、日本はアメリカとの間で沖縄返還交渉を行っており、尖閣諸島も沖縄県の一部として返還されることになっていた。

　尖閣諸島についてはもともと領有権の問題は存在しなかったが、1969（昭和44）年に国連アジア極東経済委員会が、東シナ海海底に原油・天然ガスが多量に存在する可能性があると報告すると、これを受けて初めて台湾・中国が領有権を主張するようになり、翌年になると台湾は、尖閣諸島に対する主権とアメリカ統治終了後の台湾への返還を主張するようになった。さらに台湾がアメリカの石油開発会社に尖閣諸島周辺の海底調査を許可したので、日本は台湾に抗議する一方、民間団体を通じて日本・台湾・韓国による東シナ海海底資源の共同開発を提案した。こ

年	おもなできごと
1945	日本、ポツダム宣言を受諾（第二次世界大戦終結）
1949	中華人民共和国成立
1951	サンフランシスコ平和条約採択（尖閣諸島は日本領に残る）
1952	日華平和条約調印
1969	国連アジア極東経済委員会、調査結果公表（東シナ海に原油埋蔵の可能性）
1970-71	台湾・中国、それぞれ尖閣諸島の領有を初めて公式表明
1972	沖縄返還、日中共同声明調印
1975	日中漁業協定（旧協定）調印
1976	日中海底同軸ケーブル開通
1978	日中平和友好条約調印
1979	渤海湾油田開発基本合意書調印
1997	日中漁業協定調印（2000年発効）
2001	日中、海洋科学調査について相互事前通報制度に合意
2008	日中、東シナ海ガス田の共同開発に合意
2010	中国漁船と海上保安庁巡視船との接触事件
2012	日本政府、魚釣島等の購入を閣議決定
2013	日台民間漁業取り決め調印

■戦後の日中のやりとり

れに対して中華人民共和国が，1971(昭和46)年になって，共同開発への反対を表明するだけでなく，尖閣諸島の主権を主張するようになったので，日本・台湾・韓国の共同開発の構想は立ち消えとなった。

将来の解決にむけて

1970年代以降，日本政府は尖閣諸島は固有の領土であるという姿勢をつらぬきながらも，東シナ海をめぐる問題を中国との創意工夫によって解決してきた。ここでは日中両国が，どのようにしてさまざまな困難を克服してきたのかを振り返り，将来の解決のためのヒントを探ることにしよう。

1972(昭和47)年9月の日中共同声明により，日本は中華人民共和国政府が中国を代表するただ一つの政府であることを認め，国交を正常化した。国交正常化の交渉段階において中国は「尖閣諸島の問題については，今回は話したくない。石油が出るから，これが問題になった。」として，尖閣諸島問題を議論することを避けた。一方，同声明では，両国が貿易，海運，航空，漁業等の事項に関して協定を結ぶために，今後交渉を行うことが合意された。その後

▲日中平和友好条約調印(1978年)

の日中平和友好条約締結交渉でも，尖閣諸島が両国間の問題として取り扱われることはなかった。

一方で日中両国は，1970年代から80年代にかけて，中国との経済面での交流を拡大させていった。1976(昭和51)年には，海底ケーブルの共同敷設に関する取り決めが結ばれ，第二次世界大戦後に断絶したままになっていた日中間の海底ケーブルが再開通した。また1975(昭和50)年には，漁業についても日中漁業協定(旧協定)が結ばれている。海底開発については，尖閣諸島付近での共同開発は合意にいたらなかったものの，両国は中国の渤海で

問題の背景～中国の立場

中国は，尖閣諸島が古くから中国の一部であったのにもかかわらず，日本が，日清戦争の最中にひそかに自国領としただけでなく，戦争後の下関条約により中国に尖閣諸島をふくむ台湾の割譲を認めさせたとし，第二次世界大戦の関連文書に基づき，台湾などとともに中国に返還されるべきであったとしている。

古くから中国の領土であった根拠として，(1)中国の明代の文献から，中国が最も早く釣魚島(魚釣島の中国名)を発見し命名して，利用を開始したことがわかる，(2)明代以降，中国の海上防衛の区域に組み入れられていただけでなく，清代には台湾地方政府の行政管轄下に編入されていた，(3)16世紀から19世紀の中国や外国の地図においても尖閣諸島が中国の一部とされていた，としている。

また中国は，(1)カイロ宣言(1943(昭和18)年)が，台湾など日本が中国から「盗取」したすべての地域を中国に返還すべきと規定していること，(2)日本は，カイロ宣言の条項は実施されなければならないとするポツダム宣言を受け入れていること，(3)サンフランシスコ平和条約で日本が台湾を放棄していることを根拠として，台湾の一部である尖閣諸島が，法的には台湾とともに中国に返還されているはずだとしている。

一方，尖閣諸島の領有に関する日本政府のおもな見解は(1)日本は，単に尖閣諸島が無人島であるだけでなく，清(中国)の支配が及んでいないことを確認して，1895年に日本の領土に編入した。(2)1951年のサンフランシスコ平和条約においても，尖閣諸島は，日本が放棄する領土にふくまれていなかった。(3)中国が領有権の主張を始めたのは，原油存在の可能性が指摘された1970年代以降で，それまでは，日本の領有に異議をとなえてこなかった。(4)以上により尖閣諸島が日本の領土であることは明らかであり，他国との間で領有権の問題は存在しない，というものである。

ここも見てみよう　サンフランシスコ平和条約➡p.20

油田の共同開発を行うことに合意し，1980年代には石油の生産も行われた。

1990年代になって日中が200海里の排他的経済水域をそれぞれ設定すると，両国の主張が重なり合う部分を調整する必要が生じた。しかし，海洋の境界を画定するには，尖閣諸島の問題の解決が必要であり，ひじょうに時間のかかることが明らかだった。このため両国は，最終的な画定は将来に行うこととして，漁業，科学調査といった個別分野での実質的な解決をはかった。漁業分野では，日中漁業協定（1997年）は両国が，（1）相手国の漁船が自国の排他的経済水域内で操業することをたがいに認める，（2）相手国の排他的経済水域で操業を行うには，相手当局の許可証を得たうえで，相手国の決まりごとに従う，（3）尖閣諸島北方の「暫定措置水域」では，公海と同様に，自国の漁船のみを取り締まることができるもの，としている。その後，海洋科学調査について，相手国付近で調査をする国が，事前に相手方にそのことを連絡することが合意されている。

日中国交正常化以降，外交関係のない台湾との間では，尖閣諸島付近での漁業問題を解決することが日台間の長年の課題であったが，2013（平成25）年になってようやく日台民間漁業取り決めが結ばれた。

東シナ海の境界確定とガス田開発

東シナ海は，日本の南西諸島，韓国，中国などに囲まれた海域である。1400kmにわたって続く大陸棚には，豊富な原油・天然ガスが眠っているとされる。中国は，経済発展にともない多くの資源が必要となっているため，海底の鉱産資源に着目し，日中の中間線付近（中国側）でガス田の探査・開発を一方的に行うようになった。このため日本政府は，日本側の資源がうばわれかねないとして中国政府に抗議し，開発の中止を求めている。

東シナ海においてこのような問題が生じるのは，日中間の海洋の境界が決まっていない（未画定）だからである。日中の海岸間の距離は400海里以下のところが多く，両国の200海里水域が重なり合うので，排他的経済水域・大陸棚の境界画定が必要である。問題は，どのような基準で境界を設定するかである。多くの国の例をみると，排他的経済水域・大陸棚を海上に一つの線を引いて分けるのが一般的である。そのような海洋境界線の画定基準について，1982（昭和57）年の国連海洋法条約は，具体的な画定方法を規定していない。これに対して国際司法裁判所の判決では，まず，かりに一つの中間線・等距離線を引いたうえで（暫定線），境界線付近の島や，海岸線の長さに比べて割り当てられる海域が広すぎないかなどを考慮し，これに基づいて修正が必要な場合には暫定線をずらす，とされている。

日中間の境界線に関して日本は，国際判例に基づき，直線で引かれた中間線を境界線とすべきとしている。これに対して中国は，大陸棚が中国から地続きと考えられることを配慮すべきであるとして，中国から200海里以上離れたところにある沖縄トラフまでを中国の大陸棚であるとしている。

このように，境界画定基準をめぐって日中の見解が対立しているので，日中間の海洋境界画定は難しい状況にあったが，両国は2008（平成20）年には，日中中間線付近でのガス田の共同開発に合意した。具体的には，（1）両国が合意した共同開発区域で共同開発を行うこと，（2）（1）の区域以外にも共同開発区域を設定し，共同開発を行うこと，（3）すでに中国が開発を進めているガス田開発事業に日本企業の参加を認めることが合意された。しかし，コストの問題から現在も開発に名乗り出る日本企業はなく，2015年夏には，中国が中間線の中国側で2008年合意後も開発を続けていることが明らかになった。

■東シナ海のガス田

海底資源で注目される尖閣諸島

ここも見てみよう　排他的経済水域➡p.46-47, p.62 用語解説, 境界画定➡p.47, 等距離線・中間線➡p.62 用語解説,

最近の動き

2010年以降に生じた二つのできごとは、これまでの両国の歴史とは逆行するような状況を生んだ。ここでは、これらをきっかけとして、日中関係がどのように推移していったのかをみておくことにしよう。

2010(平成22)年、尖閣諸島周辺の領海内で中国漁船と日本の海上保安庁巡視船が接触するという事件が起こった。海上保安庁は、国内法の手続きにしたがい船長を逮捕し、書類送検をした。中国はこれに強硬に抗議し、日本がその輸入の9割を依存している、電子部品の生産に必要なレアアースの輸出を禁止するなどの対抗措置を取った。中国国内では反日デモが激化し、日系企業の工場・商店等に多数の被害がでた。またこの事件をきっかけに、共同開発を具体化するための交渉が行われなくなった。

2012(平成24)年には、民間人所有となっていた魚釣島、南小島、北小島を日本政府が購入することを閣議決定した。すると中国政府は、激しく抗議した。この後数年間、首脳会談や各種の交渉などがいっさい行われなくなった。またこれ以降、日本側の抗議にもかかわらず、中国政府船舶が尖閣諸島周辺の日本の領海と接続水域(領海のすぐ外側の水域)を通航することが多くなり、現在にいたっている。

沖縄県のカツオ漁

沖縄県のカツオ漁の歴史はそれほど古くなく、明治の初めに沖縄県が設置されてから始まった。琉球王国の時代には、漁業よりも農業が重視されており、食用に魚をとる漁業はさかんではなかった。明治18年ごろになると、航海技術や造船技術の向上にともなってカツオ漁が始められ、宮崎県や鹿児島県から来た漁師たちが沖縄県にカツオ漁の技術を伝えた。

尖閣諸島海域は、暖流と寒流がぶつかるためプランクトンの発生がさかんで、昔から多くの魚が集まる豊かな漁場であった。明治29年には、福岡県出身の古賀辰四郎が、尖閣諸島でカツオ漁を始めた。古賀辰四郎が経営する古賀商店では、魚釣島にカツオ節工場を建設し、カツオ節の製造など八重山の農水産物を商品化しては、黒糖や香木とともに本土に出荷した。カツオは19℃前後の海流を好むため、南洋では深めの水深に生息している。また、尖閣諸島周囲の厳しい海流にもまれたカツオは赤身が多く、カツオ節製造の過程で流れ出す脂肪が少ないため、形や味など本土より質のよいものに仕上がった。県内の各地にカツオ節工場がつくられると、カツオ節は砂糖につぐ沖縄県の重要な産物になり、カツオ漁とカツオ節製造は、大正時代に最盛期をむかえた。こうしたカツオ漁とカツオ節製造の隆盛とともに、カツオ節は沖縄の料理にかかせない食材となっていった。しかし、明治末期・大正・昭和初期とさかえたカツオ漁は、第二次世界大戦のため船舶の燃料が配給制となるにしたがって衰退していった。また、沖縄県とともにカツオ節製造がさかんであった南洋群島(現在のミクロネシアやその周辺)も、戦争の激戦地となり、従事していた沖縄県出身者の多くのカツオ漁師が犠牲となった。第二次世界大戦後は、石垣島、与那国島などの八重山列島、池間島などの離島や、沖縄本島などでカツオ節製造はさかんに行われていたが、人件費やえさ代の高騰により衰退し、最盛期のにぎわいはなくなっている。しかしながら沖縄の海は、カツオやマグロなどの漁場として、現在もその豊かさは失われていない。

▲魚釣島のカツオ節工場で働く人々(明治41年)

▲尖閣諸島でカツオ節を干す風景(明治30年代)

7 海の利用と排他的経済水域

▲昔ながらのダウ船が停泊する**ドーハ港**（カタール，ドーハ）

世界を結びつけてきた海

交流の担い手としての海

　地域固有の文化と思われているものも，調べてみると，国境をこえた人・もの・情報の移動によってもたらされていることが少なくない。例えばトマトは，イタリア料理の食材として欠かせないが，原産地はメキシコである。また中国の四川料理や韓国料理には，とうがらしがたくさん使われているが，これは南アメリカ原産である。

　このような品々は，海を通じてさまざまな経路で世界各地にもたらされていった。トマトもとうがらしも，15世紀以降にヨーロッパの探検家が発見した，「新大陸」南アメリカからもち帰ったものであるが，その後各地に広めたのは，海洋をこえて貿易を行う商人であった。例えば，とうがらしは，日本では「南蛮」とも呼ばれたことから，ヨーロッパの商人が南蛮貿易で日本にとうがらしをもたらしたと考えられる。また，現在，南アジアや東南アジアには多くのイスラム教徒がいるが，西アジアからこの地にイスラム教を伝えたのは，ダウ船を使ったイスラム商人の貿易といわれている。東シナ海やインド洋を行き交う各国の商人の姿が，目に浮かぶようである。

　商人や探検家以外の人々による交流もあった。日本の仏僧（仏教の僧侶）は，唐の時代に新しい仏教の教えを学ぶため，遣唐使船に乗って中国へ向かった。現地の寺院で仏教を学んだ仏僧は，経典だけではなくその後の日本の文化にとって重要となるものも，日本にもち帰った。例えば，日本の文化を代表する「茶の湯」に欠かせない茶の種子を日本にもたらしたのは，遣唐使船で中国にわたった，最澄などの仏僧であるといわれている。これは，多くの仏僧たちが学んだ天台山付近が，当時から茶の産地であったためであると考えられる。また，多くの人が集まって茶を楽しむというスタイルは，鎌倉時代に禅僧が中国から取り入れた儀礼がもととなっているとされる。

　このように，海をこえていった探検家・商人・僧侶などの活躍により，ものだけでなく宗教や新しいライフスタイルなどが伝えられ，それらの刺激を受けて，各地域の文化はよりいっそう豊かになっていったのである。

海を行き交う貨物と情報

　19世紀になって蒸気機関などが船の動力源として用いられるまで、航海術は、地域ごとに異なっていた。大航海時代以降の16世紀には、船乗りの交流により、ヨーロッパもふくめて異なる地域の航海術が各地域に「輸入」され、より安全な航海ができるようになっただけでなく、それぞれの活動範囲もさらに広がっていった。

　今日でも貨物の海上輸送は、世界貿易の半分以上を担っている。船舶での輸送は、飛行機に比べて安く大量に運ぶことができるという長所がある。四方を海に囲まれた日本の場合、貿易量の大半が海上輸送で行われている。日本のように食料、資源などの多くを海外から輸入している国にとって、今後も海上輸送の重要性は高まりこそすれ失われることはないだろう。

　1980年代前半には、貨物取り扱い量で世界の上位に入る国際港が日本にいくつもあったが、2013年では東京港が28位に入るのみである。これは、中国の経済発展にともなってシャンハイをはじめとする中国の港の割合が大幅に拡大したためである。かつて貿易量の多い世界の三大航路といえば、アジア・ヨーロッパ間の欧州航路、アジア・北アメリカ間の太平洋航路、北アメリカ・ヨーロッパ間の大西洋航路であったが、中国などのアジア諸国の経済発展により、今日では、世界の海上貿易の半数以上がアジアの港を基点に展開されるようになってきている。

　海を行き交うのは、貨物だけではない。実は、私たちがふだん利用しているインターネット上の情報も、海を通じて伝達されているのである。19世紀前半までのイギリスの企業家や政治家は、いかにしてヨーロッパ大陸の情報を人に先んじて入手するかを競い合っていたが、海底ケーブルの誕生で状況は一変した。1851年に世界初の海底ケーブルがイギリス・フランス間で開通してから数十年のうちに、情報通信の主役は海底ケーブルを利用する電報となった。日本では、1871年になってシャンハイ・長崎間に最初の海底ケーブルが開通した。これにより、ニューヨークやロンドンの情報がわずか数時間で日本に届くようになった。しかしこのころ、日本国内には電信線網がなかったため、せっかく短時間で長崎に届いた電報を東京に届けるのに飛脚を用いて3日もかかったという。

　海底ケーブルは、その後、イギリス・アメリカが中心となって世界中にはりめぐらされ、国際社会における情報通信の基盤となっていった。1960年代以降、衛星通信が優位であった時期もあったが、1980年代後半になると、安定して大容量の情報が送受信できる光ファイバーケーブルが用いられるようになったことで、再び海底ケーブルの利用が急増し、衛星通信よりも優位に立った。現在では、インターネット、テレビの海外中継など、国際的な情報通信のほとんどが海底ケーブルを利用して行われている。

交通の要所 マラッカ海峡

　コンテナ以外の原油や石炭・鉄鉱石は、資源の産地から需要のあるところへ直接に運ばれる。石油は、日本のエネルギー消費の約4割を占め、その8割以上を中東から輸入しているが、中東からの原油タンカーの9割は、マラッカ海峡を通過して日本へ向かう。このため、同海峡は「日本の生命線」といわれている。またこの海峡は、コンテナ定期船の三大航路のひとつであるアジア・ヨーロッパ間の欧州航路のルート上でもあり、年間約13万隻の船舶が通航する、世界で最も混雑する航路の一つである。1990年代後半からは、船ごと積荷をうばう武装強盗事件がこの海域で多発するようになったが、2000年代に入ると、地域条約にもとづく情報共有や警戒活動支援などの国家間の協力がすすみ、2000年代後半には同海峡での武装強盗が大幅に減少した。

▲多くの船が行き交うシンガポール付近のマラッカ海峡

◀せりにかけられるまぐろ（東京，築地）

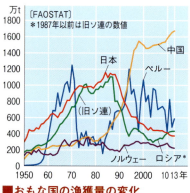

■おもな国の漁獲量の変化

恵みをもたらす海

豊かな水産資源と海底資源

　魚などの水産資源を獲得する漁業は，もっとも伝統的な海の利用形態である。定期的に多くの魚が集まる場所は漁場とよばれ，世界三大漁場といわれる北西太平洋（日本海，東シナ海，オホーツク海などの日本周辺海域），北西大西洋（カナダ・ニューファンドランド島周辺海域），北東大西洋（北海・ノルウェー近海など）は，いずれも長い歴史をもつ漁場である。三大漁場に共通するのは，海底が大陸棚やバンク（浅瀬）となっていて水深が浅いこと，暖流と寒流がぶつかり合う潮目（潮境）となっていることである。かつては三大漁場をはじめとする世界各地の漁場に，日本などの遠洋漁業国の漁船が数多くやってきて操業したが，1970年代以降になると，アメリカやソ連（ロシア）などの漁場の沿岸国は，自国の漁船が優先的に漁業を行うことができる漁業水域などを設定して外国漁船の操業を禁止または制限し，水産資源の保護を強化するようになっていった。そのような沿岸国の規制にもかかわらず，三大漁場のなかには，北西大西洋のように，長年の乱獲により資源が枯渇する危機に直面しているところもある。一方，新たな漁場として先進国の沿岸部以外の海域（公海や南米・太平洋の排他的経済水域）が開発されるようになってきている。国別の漁獲量でみると，かつてはロシア（旧ソ連）・日本・ペルーが漁獲量の上位をしめていたが，最近では中国などの増加がいちじるしい。

　第二次世界大戦後になって始められたのが，原油・天然ガスといった海底にある鉱産資源の利用である。世界初の海底油田は1891（明治24）年に掘削に成功した，新潟県出雲崎町沖の尼瀬油田であるとされている。1945（昭和20）年にアメリカのトルーマン大統領が自国の大陸棚を「管轄および管理」すると宣言してから，沖合での海底資源開発が本格化し，1947（昭和22）年にアメリカ南部のルイジアナ州の沖合で油田開発が始められた。これは水深わずか6m程度の場所での生産だった。海底油田・ガス田開発は，その後，北海，ギニア湾，サハリン沖，東シナ海などで行われるようになり，1960年に原油の生産量の9.5％，天然ガスの3.0％が海域の生産であったが，2000年にはそれぞれ31.3％と27.1％へと増加した。海底油田・ガス田の開発区域も，徐々により遠くの海へ，より深い海底へと移っている。最近では，海底の地下3000mの岩塩層の下にある岩石から原油を取り出せるようになり，ブラジル沖やアフリカ西岸では，このような深海底での開発が進んでいる。

海の利用と排他的経済水域

■日本周辺のメタンハイドレートの分布

新たな資源の探索と航路の開発

　アジアやアフリカの発展途上国の経済発展にともない，鉱産資源，エネルギー資源の需要が世界的に増大してきている。また，現在の中東の油田も，数十年後には枯渇するともいわれている。資源をほぼすべて輸入に頼っている日本は，今後どのように資源を確保したらよいだろうか。

　現在，省エネルギー化を進める一方で，「新たな資源」探しが世界中で進められている。とくに注目されているのはこれまであまり開発されていなかった海であり，鉱産資源，エネルギー資源を深海底から取り出そうという研究開発が進められている。有望な海底資源としては，海底熱水鉱床，コバルトリッチクラスト，メタンハイドレートなどがある。

　海底熱水鉱床は，マグマにあたためられ噴出した熱水にふくまれる銅，鉛，亜鉛，金，銀等が海水に冷やされて固まったものである。日本周辺では，沖縄や伊豆・小笠原などで発見されている。また，コバルトリッチクラストは，海底の山の斜面や頂部にコバルト・ニッケルなどのレアメタルをふくむ物質が数百〜数千万年をかけ堆積してできたもので，電子部品などの製造に用いることができる。日本周辺では南鳥島の排他的経済水域内など，北西太平洋で数多く発見されている。またメタンハイドレートは，水の分子がメタン分子を取り込んで氷状に固まったもので，ガスを多くふくむので，「燃える氷」ともよばれ，将来のエネルギー源として期待されている。日本海にもメタンハイドレートが，広く分布していると考えられている。

　これらの資源は，日本の排他的経済水域内にどれだけあるのだろうか。まず海底熱水鉱床には銅が国内消費量の16年分，銀と鉛はそれぞれ180年分存在するといわれ，コバルトリッチクラストには，マンガン・コバルトが200年分存在するとされる。一方，メタンハイドレートから取り出せるメタンガスは，日本の天然ガス消費量の42年分にあたるとされる。

　また日本だけではなく多くの国にもかかわる，「新たな海」の利用が，これから現実のものとなろうとしている。かつて厚い氷にはばまれ，文字どおり「使える海」ではなかった，北極海の利用である。地球温暖化で北極海の氷が縮小したため，海上交通の新たなルートしても注目されている。ヨーロッパ・カナダ間の北極海西航路，ヨーロッパからロシア沿岸を抜けて太平洋に出る北極海東航路は，南回りの航路に比べて航行距離を短縮できるというメリットがあり，古くから開発が試みられてきたが，一部の探検船や軍艦などを除いては通航が難しかった。今後，北極海東航路が利用できるようになれば，約40日かかるスエズ運河経由の欧州航路に比べて，輸送日数を3割から4割短縮できる。それだけではなく，北極海東航路では，日本がアジアでの最初の寄港地となりうるため，新たなアジアのハブ港としての役割が日本の港に期待されている。

■北極海航路

◀海上保安庁による外国漁船の小笠原のサンゴ密漁取りしまり(2014年)

世界中にめぐらされた排他的経済水域

囲いこまれた海

　20世紀後半になると、領海だけでなく大陸棚、排他的経済水域といった考え方が創設されて、海に関するさまざまな権利・権限が国家に認められるようになった。ここではどのようにして国際的なルール(国際法)が変更され、排他的経済水域の制度が生まれたのかについてみておこう。

　20世紀前半までの国際法は、海洋での国家の自由を幅広く認め、「せまい領海、広い公海」という考え方であった❶。国家の権利が認められるのは領海内に限られ、その範囲は、自国の力(軍事力)が及ぶ範囲であるとして、大砲の弾の陸地からの飛距離を基準として3海里(約5.6km)まで一般的に考えられていた。領海の外側の海域は、いずれの国にも優先的な権利が認められない公海であった。領海ではどの国の船も領海を持つ沿岸国のルールに従わなければならないのに対し、公海では、各国の船は自国のルールに従えばよく、あらゆる国に漁業、通航、上空飛行等の活動が自由に認められる(公海自由の原則)。

　20世紀後半になるとこの原則が大きく変更されることになる。1940年代になると、各国は原油などの海底資源の重要性を認識するようになった。第二次世界大戦後、アメリカのトルーマン大統領の宣言を皮切りに、各国は、大陸や大きな島の周辺の深さ約200mまでの海底(大陸棚)の鉱産資源について、自国領海の海底から続いていることを理由として、自国のものであると主張するようになった。このように各国独自の主張として誕生した大陸棚の権利は、1958年に大陸棚条約で、国際法上の権利として確立された❸。

　第二次世界大戦後、漁業技術や船舶の性能の向上により、先進国の漁船が世界中の公海で操業するようになると、発展途上国は、自国の領海に隣接する公海での外国漁船による乱獲によって自国内の水産資源が枯渇するのではないかと心配するようになった。こうしたことから国連海洋法条約(1982年採択)では、領海を12海里(約22km)まで拡張するとともに、海岸から200海里(約370km)までの範囲を排他的経済水域とし、漁業を行う権利や、許可を得ないで操業する外国漁船の取りしまりといった水産資源に対する優先的な権利を沿岸国に認めた❹。この結果、200海里

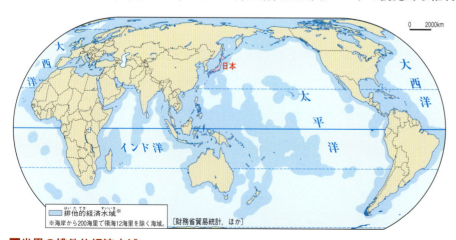

■世界の排他的経済水域

年	おもなできごと
20世紀前半まで	「せまい領海、広い公海」の原則の時代❶
1945	大陸棚天然資源に関するトルーマン大統領の宣言❷
1958	大陸棚条約採択❸
1973	第3次国連海洋法会議開始
1977	日本、200海里漁業水域を設定
1982	国連海洋法条約採択、200海里の排他的経済水域制度創設❹
1994	国連海洋法条約発効
1996	日本、国連海洋法条約を批准し、排他的経済水域を設定
2012	日本、200海里超の大陸棚設定認められる

■大陸棚・排他的経済水域に関する年表

46　海の利用と排他的経済水域

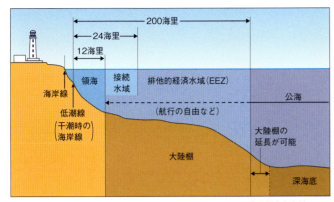
■海岸からの排他的経済水域の引き方(模式図)（海上保安庁資料より作成）

をこえた海域でのみ国家の自由な活動が認められることとなり，公海自由の原則は大幅に制限されることになった。

ところで，国の領土が広いからといって，排他的経済水域も広いとは限らない。例えば中国は，領土面積こそ世界第4位だが，沿岸に他国の領土が接近しており，200海里まで排他的経済水域を主張することはできないので，排他的経済水域の面積は世界で20位にも入らない。これに対してフランスは，本土についてみれば領土面積は世界第49位と小さく，また周囲にはイギリス，スペイン，イタリアなどの隣国があるため，排他的経済水域はたいして広くないが，太平洋，カリブ海，インド洋に多くの島を領有しているので，それらの島々の排他的経済水域を合わせると，その広さはアメリカに次ぐ世界第2位となる。日本についてみれば，東シナ海をはさんで隣国があるために排他的経済水域がせまくなるが，太平洋側には他の国の領土がほとんどないため，排他的経済水域の広さは世界でベスト10に入る。

排他的経済水域をめぐる問題

排他的経済水域とはどのような性質のもので，他国の主張と重なり合う場合には，その範囲をどうやって決めているのだろうか。

排他的経済水域では，沿岸国は，200海里までの海域について水産資源についてだけではなく，海底の鉱産資源についての権利も認められる。したがって，200海里まで大陸棚が広がっていない国々も，海底鉱産資源についての権利が認められる。他方，200海里をこえて大陸棚をもつ国は，条約のもとで設置された大陸棚限界委員会の審査など，一定の条件のもとで350海里（約648km）まで大陸棚の延長が認められる。また国連海洋法条約により，各国は自国の排他的経済水域内での水産資源と海洋環境の管理を行う義務がある。

一方で，船舶の通航，航空機の上空飛行，海底ケーブルやパイプラインの敷設といった，水域内の資源に関係しない活動については，公海自由の原則が引き続き認められている。このようにして国連海洋法条約は，資源を確保したい沿岸国の利益と，海上交通や軍事活動などの自由を確保したいという，主として先進国の利益とのバランスをはかった。

大陸棚・排他的経済水域はすべての沿岸国に200海里まで認められるが，近隣国の排他的経済水域と重なる場合にはその調整として，各国の排他的経済水域の範囲を定める境界の線引きが必要となる。大陸棚条約では，関係国の海岸線から等しい距離となる等距離線を画定基準として示していた。しかし1969年に国際司法裁判所で下された，「北海大陸棚事件」判決は，条約を結んでいない国との境界画定は，等距離線ではなく合意によるべきこと，また交渉の際，海岸の形など地域の諸事情を考慮すべきこととした。これはオランダ，ドイツ，デンマークが，油田で注目されていた北海の大陸棚の境界を決める際，オランダとデンマークは等距離線での境界画定に同意したが，条約を結んでいないドイツ（当時は西ドイツ）は，取り分が少なくなるため，異議をとなえたものである。結局，国際司法裁判所の判決を受けて，3国は話し合いにより境界を画定した。これを受けて国連海洋法条約では特定の境界画定方法を定めず，大陸棚・排他的経済水域の境界画定は，国際法にもとづいて合意により定めるものとした。とはいえ，日ロ・日中・日韓間のものを含め，世界には未解決の境界画定問題が数多く残されている。

■北海の境界

ここも見てみよう　国際法➡p.9, p.62 用語解説，排他的経済水域，大陸棚➡p.15, p.62 用語解説，境界画定➡p.40

8 世界の領土・領域をめぐる問題

▲現在のハバロフスクとアムール川　■中ロ国境問題年表

年	事項	要点	中国	ロシア
1922	ソビエト社会主義共和国連邦(ソ連)成立	社会主義国家の樹立	中華民国	ソ連
1949	中華人民共和国成立	社会主義国家の樹立	中華人民共和国	
1956	ソ連のスターリン批判❶	中ソ対立が発生		
1969	ダマンスキー島(珍宝島)事件❷	中ソ国境紛争へ		
1976	中国の毛沢東の死去，文化大革命の終結	中国国内の混乱がおさまり，経済改革へ		
1989	ソ連が中国を訪問❸	中ソ対立が解消		
1991	中ソ国境協定❹	ダマンスキー島＝中国領へ		
1991	ソ連解体			
1994	中ロ国境協定	中央アジアの国境線を画定		ロシア連邦
2001	中ロ善隣友好協力条約	未解決の国境線について継続協議を約束		
2004	中ロ国境協定❺	アムール川などの中州の国境線を画定		
2008	中ロのすべての国境線が画定			

中国－ロシア間の国境画定

　地球の表面積のうち約70％は海であり，人々が暮らしている陸地はたったの30％しかない。その限られた陸地が，196もの国々に分かれている。したがって，国が勢力を広げようとしてほかの国と衝突するのも無理もないことといえる。では，国どうしが国境をめぐって対立したとき，これまでどのように解決してきたのであろうか。ここでは，具体的な領土・領域をめぐる問題を取りあげて，感情的な対立を招きやすい領土問題に対して，解決方法をどのように模索してきたのかを見ていこう。

中国とロシアの間の国境問題

　ユーラシア大陸の東西にまたがり，世界一の国土面積をもつロシア。国土がそのように広大になるまでには，南方や東方へと領土を拡大してきた歴史がある。もともとロシアは，ヨーロッパに近いモスクワに起源をもつ国であった。高緯度のため冬には雪や氷でおおわれ，日照時間や降水量にも恵まれず，耕作に不向きな貧しい土地であった。また，北は氷の海である北極海に閉ざされていた。

　大航海時代を迎え，ヨーロッパの各国が力をつけはじめると，ロシアも年中凍らない港を開こうと南方の海をめざして少しずつ領土を南へ広げていった(南下政策)。さらに，その視線はシベリアを進んでユーラシア東方にも向けられた。そこで出会ったのが，清(中国)である。

　17世紀中ごろに，東方のアムール川(黒竜江)に沿って勢力を伸ばしたロシアは，対峙した清との間で条約による境界の線引きをはじめた。アムール川はほとんどが冬には凍結するものの，夏は大型船も就航できる大きな川である。1860年，ロシアは清からアムール川とウスリー川の東側で日本海に面した沿海州を獲得し，その南端に冬でも凍らないウラジオストク港を築いた。また，1905年にはシベリアを東西に横断し，モスクワからウラジオストクに至るシベリア鉄道を開通させた。

　この二つの国の国境には，2008年になるまで長きにわたり画定していない部分があった。例えば，国境線とされたアムール川やウスリー川には大小含めて2000以上の中州(島)が点在していたが，そのほとんどは2国間の取り決めなしにロシアに実効支配されていた。そうした地域の国境画定については，20世紀に入り，たがいに社会主義国(ロシアはソビエト社会主義共和国連邦，中国は中華人民共和国)が成立したあとも交渉が続けられたが，ともに社会

■中国とロシアの国境付近

■大ウスリー(黒瞎子)島とタラバロフ(銀竜)島

▲ダマンスキー(珍宝)島(1969年1月) 1km²に満たない中州である。冬には川は凍る。

◀ダマンスキー島での武力衝突(1969年3月)

主義という同じ理想をもつ同盟国であったことから，大きな衝突は生じなかった。

ところが，1956年に事態は一変した。ソ連の指導者フルシチョフが，前指導者スターリンの独裁的な姿勢を批判して，敵対していた資本主義国側との関係改善をはかり，中国はこれに反発したのである。このできごとをきっかけに，中国はソ連との対立を深めていった。

紛争から話し合いによる解決へ

二つの大国の対立が頂点に達したのは，1969年3月，ウスリー川の中州であるダマンスキー(珍宝)島で起こった軍事衝突事件であった。戦死者をも出したこの戦闘は国境紛争へと発展し，一時は両国が何十万人という兵力を国境地帯に配備する事態となった。ダマンスキー島事件は同年9月の両国による協議で終結したが，双方ともに島の領有権を主張し対立は続いた。

こうした中ソの対立は，両国の国内情勢の変化とともに次第に緩和していった。中国では，国内に混乱をもたらした「文化大革命」(社会主義をめざした権力闘争)の終結後，国内の経済発展や技術開発が重視された。ソ連でも，ゴルバチョフが指導者に立って以降，国内改革が進んだ。中国とソ連は，軍事や経済の強化という共通の考えから相互の協力を必要とし始め，1989年に国交を回復した。

国境問題については，その後，両国間の話し合いによって一歩一歩段階的な解決がはかられた。両国は，軍事衝突から22年後の1991年に中ソ国境協定を結び，ダマンスキー島は中国領となった。また，同じ中州の島で最後まで解決に時間を要したのが，アムール川とウスリー川の合流地点にある大ウスリー(黒瞎子)島とタラバロフ(銀竜)島であった。大ウスリー島にはロシア人が居住しており，農耕地や学校などもある比較的大きな島である。2004年，最終的に2島を合わせて東西に2等分することでたがいに折り合いをつけることとなった。2008年の議定書で国境線が画定し，両国の国境問題はすべて平和的に解消した。近年では，中ロ間にパイプラインがつながれ，エネルギー資源の貿易相手国としても関係を強めている。このように紛争という緊張関係を乗りこえ，話し合いによって両者の納得がいく国境画定がなされた事例は，世界のさまざまな領土問題の解決への貴重な足がかりとなるであろう。

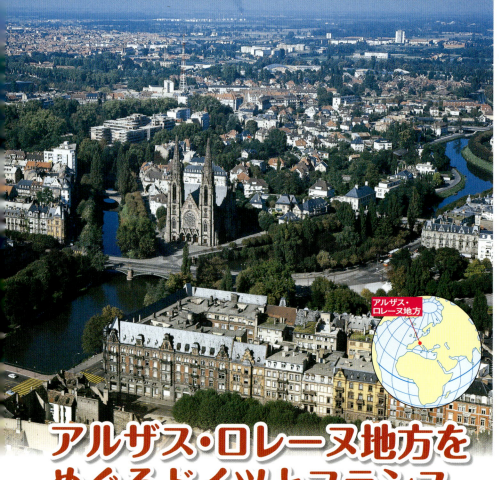

◀ストラスブールの町並み
（フランス，アルザス地方）

年	おもなできごと	帰属地（現在の国名）
870	フランク王国の分裂後，現在のドイツ・フランス・イタリアの原型ができる❶	ドイツ
～17世紀頃	神聖ローマ帝国（現在のドイツ）の勢力が増す❷	
1648	三十年戦争終了（ウェストファリア条約）❸	フランス
1766	ロレーヌをフランスが併合	
1871	普仏戦争終了	ドイツ
1914	第一次世界大戦（～1918）❹	
1919	ヴェルサイユ条約ドイツが敗北	フランス
1939	第二次世界大戦（～1945）❺	
1940	ドイツがアルザス・ロレーヌを併合	ドイツ
1944	フランスがアルザス・ロレーヌを奪還❻	フランス（～現在まで）

■戦前のアルザス・ロレーヌ地方

アルザス・ロレーヌ地方をめぐるドイツとフランス

二つの国がうばい合う地域

アルザスとロレーヌ，エルザスとロートリンゲン。言葉は異なるが，これらはヨーロッパの同じ地名を表している。前者がフランス語名であり，後者はドイツ語名である。これは，この地方がフランスとドイツの両方に属した歴史をもつからである。

ヨーロッパでは長年，現在のような定まった国境がなく，国どうしの力関係や戦争による土地のうばい合いによって勢力範囲が移り変わってきた。そのなかでも強国フランスとドイツの間で，軍事的に獲得の争点となってきたのが，アルザス・ロレーヌ地方である。

アルザス・ロレーヌ地方は，現在はフランス領となっている。ワインの原料となるブドウ，小麦，てんさいなどの農作物の栽培に適した土壌であるだけでなく，かつては石炭や鉄鉱石などの鉱産資源に恵まれた豊かな土地であった。また，アルザス・ロレーヌ地方が接するライン川は，その下流にヨーロッパ屈指の炭田を有したルール地方があり，ヨーロッパ経済の大動脈でもあった。

この地方はもともと，870年にドイツの前身である東フランク王国とフランスの前身である西フランク王国が成立したときには，東フランク王国に属していた。❶その後も神聖ローマ帝国（ほぼ現在のドイツ）の支配下におかれた。しかし，ヨーロッパで初めて「主権」と「領域」について取り決めた1648年の

■アルザス・ロレーヌ地方の位置

ウェストファリア条約(三十年戦争の講和条約)では, アルザスの大部分をフランスが領有することが認められた❸。

それ以降, この地方の領有権は, 戦争と条約により移り変わった。20世紀に入り, ヨーロッパが戦場となった2度の世界大戦では, フランスとドイツがたがいにこの地をうばい合うこととなった❹❺。第二次世界大戦中の1944年にフランスがドイツから奪還し❻, フランスが戦勝国となったことによって, 現在の国境線が画定している。

フランスとドイツの策略と戦争によってアルザス・ロレーヌ地方の帰属がかわるたびに, そこに暮らす人々の生活も影響を受けてきた。その中から, ドイツ語の方言としてのアルザス語のようなアルザス独自の文化も生まれた。

国境をこえた地域統合へ

2度の大戦の反省から, ヨーロッパでは戦争を繰り返さないための新たな秩序づくりが進んだ。とくにアルザス・ロレーヌ地方をめぐって長年争ってきたドイツ(当時は西ドイツ)とフランスが中心となり, 1952年, 石炭と鉄鋼の生産と分配を加盟国(西ドイツ・フランス・イタリア・ベルギー・オランダ・ルクセンブルクの6か国)によって共同管理することを目的として, ヨーロッパ石炭鉄鋼共同体(ECSC)を設立した。これは, 国境をこえた石炭と鉄鋼の市場, 国際機関による経済発展, それによってフランスとドイツの間で二度と戦争が起きないようにするための平和維持をめざした試みであった。

このヨーロッパ石炭鉄鋼共同体は, 現在のヨーロッパにおける地域的な結びつきの核であるヨーロッパ連合(EU)の土台となっている。もの・資本・サービス・人の自由な移動が可能となり, 政治や外交・安全保障・司法・単一通貨(ユーロ)など, 国境の枠をこえた共通の政策が進められている。

アルザス地方の中心都市であり, フランスとドイツの国境に位置するストラスブールには, ライン川を渡り両国を結ぶ橋がかけられており, 通勤や買い物など自由な行き来が行われている。また, ストラスブールにはヨーロッパ統合の象徴である欧州議会がおかれている。欧州議会は, EUの法を制定する重要な機関であり, 選挙で選ばれた各国の代表がつどう。長年係争地となり続けてきたこの地に

▲ストラスブールの欧州議会

EUの中心的な機関がおかれていることは, ヨーロッパの人々にとって非常に大きな意味をもっている。国と国の境界に面する地域は, たがいに領有を主張し合い対立を深める場所にもなれば, 交流をうながし地域の結びつきを形成する場所にもなるのである。

ドイツの色を残すフランスのアルザス地方

フランス, アルザス地方最大の都市であるストラスブールの町では, ドイツ文化の影響を残すアルザス独自の雰囲気を実感することができる。例えば, 町を歩くとハーフティンバー様式の木骨組みの建物が見られ, ドイツの風景を思い起こさせる。また, 町中の看板や標識には, 公用語のフランス語とともに元来この地方で使われてきたドイツ語系のアルザス語が併記されている。

東をライン川, 西をボージュ山脈にはさまれたアルザス地方は, フランスとドイツの戦争のたびに, その戦勝国に支配されてきた。住民の国籍や公用語も, そのつど変更されてきたことになる。しかし, だからこそ, 双方の影響を受けながらもこの地方にはアルザス語やアルザス文化などの独自性が育まれたといえる。

▶ドイツ風の建物が並ぶ町(上)とフランス語とドイツ語が併記された看板(下)
(フランス, ストラスブール)

ここも見てみよう　ヨーロッパの国境➡p.12-13, 係争地➡p.62 用語解説

カシミール地方をめぐるインドとパキスタン

▲カシミール地方

植民地からの独立と宗教対立

「カシミア」という言葉を聞いて，セーターやマフラーを思い浮かべる人も多いだろう。カシミアは，カシミアヤギの毛を用いた高級毛織物である。このカシミアヤギの原産地がカシミール地方である。では，地図でカシミール地方を見てみよう。日本の本州とほぼ同じ広さをもつこの地方は，インド，パキスタン，中国に囲まれた高原地帯である。地図中では未確定・係争中の国境線で表されていることに気づく。

現在のインドやパキスタンにあたる地域には，もともと一つの帝国が存在していた。17世紀ころから，イギリスへのインド綿布の輸出で商工業が発達すると，インドでは地方に力をつけた勢力が台頭し，いくつもの王国が林立するようになった。やがてインド一帯を統治したイギリスは，一部の王国を藩王国として存続させ，それらを通じてインドの植民地支配を行った。インドがイギリスからの独立を果たしたのは，第二次世界大戦後の1947年になってからである。そのときヒンドゥー教徒とイスラム教徒の意見が対立したため，結果としてイスラム教徒が居住する一部の地域はパキスタンとして独立し，そのほかの地域はインド連邦となった。

藩王国の一つであったカシミール地方は，住民の80％がイスラム教徒であったにもかかわらず，当時のヒンドゥー教徒の藩王がインド連邦に帰属すると決めた。そのため，イスラム教徒の住民を支持するパキスタンが，カシミール地方の帰属をめぐってインドと対立し，1947年，1965年，1971年と3度にわたる戦争へと発展した（印パ戦争）。

終わりが見えない対立

1947年に起きた1度めの衝突は，1949年，国際連合（国連）の調停によって停戦した。カシミール地方には停戦ラインが引かれ，インドが約3分の2，パキスタンが3分の1を実効的に支配することになった。パキスタンは，国連

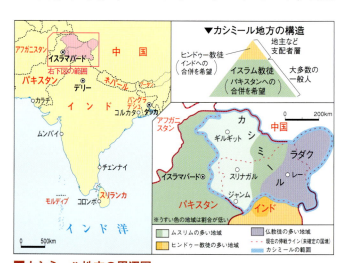

■カシミール地方の周辺図

52　世界の領土・領域をめぐる問題

が勧告する住民投票によってカシミール地方の帰属を決めるよう主張しているが、インドは自国こそが実効的にこの地方を支配しているという理由で、パキスタンの提案には応じていない。むしろ、インドが支配するカシミール地方での闘争を支援するパキスタンの行為を、テロリズムとして非難している。また、加えて中国とインド間で国境をめぐる対立も発生し、カシミール地方は3国が実効支配する状況におかれている。中国の介入は、インドとパキスタンの関係をますます複雑なものにした。

さらに、2国間の対立は、カシミールをめぐる紛争以外にも飛び火した。パキスタンは、1947年の独立当時、中央にインドをはさんで、西パキスタンと東パキスタンという領域で成り立っていた。1971年に、東パキスタンで自治拡大の要求が強まり、東西パキスタンの間で武力衝突が生じると、インドは東パキスタンを支援して介入した。こうして、インドとパキスタンは3度めの戦争に突入した。この戦争でインドが勝利した結果、東パキスタンはバングラデシュとして分離独立を果たした。

カシミールの帰属問題からは始まった両国の対立は、現在も終わりが見えない。カシミール地方にはいまだに明確な国境線が引かれておらず、現在でも停戦ライン付近でたびたび武力衝突が起こっている。さらに、1974年にはインドが、1998年にはパキスタンが核実験を行い、世界に

▲武器をかかげるパキスタン兵たち（第2次印パ戦争，1965年）

▲反インドデモ（パキスタン，2013年）　カシミール地方に住む人々の自由を求める旗をかかげている。

衝撃を与えた。現在ではともに核兵器を保有する国家であり、2国間の衝突が核戦争に発展しかねないということを考えると、この問題の解決が重要であることが理解できる。

イスラム教とヒンドゥー教

インドとパキスタンの争いの背景には、ヒンドゥー教とイスラム教という宗教の違いがある。7世紀にアラビア半島で預言者ムハンマドによって成立したイスラム教は、アッラーを唯一神とする一神教で、『コーラン』を経典とする。そこには、1日に5回、決まった時刻に聖地メッカに向けて礼拝を行うこと、毎年の断食月（ラマダーン）に日の出から日没までいっさい飲食をしないことなどが示されている。イスラム教徒は豚肉を食べず、飲酒も禁止されている。

ヒンドゥー教はインドの民族宗教であり、多神教である。牛を神聖なものとするヒンドゥー教徒は牛肉を食べない。また、身分を分け、職業や結婚の範囲を限定するカースト制度にもとづく差別は1950年に憲法で禁止されたが、現在でも社会生活に深く根づいている。

宗教は人々の生活習慣から国の社会制度にまで影響しているため、国どうしの対立や紛争にもつながりやすい。しかし、相互の違いを認めながら、人間としての共通な部分を土台にして宗教間の対話を進めるべきであろう。

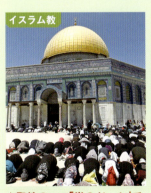
イスラム教
▲聖地の一つ「岩のドーム」での礼拝（エルサレム）

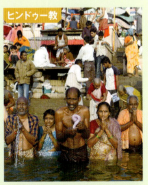
ヒンドゥー教
▲「聖なる川」とされるガンジス川での沐浴（インド）

ここも見てみよう　宗教の対立➡p.54, 56，植民地➡p.62 用語解説

▲エルサレム旧市街

岩のドーム（イスラム教の聖地）
嘆きの壁（ユダヤ教の聖地）

ユダヤとアラブの対立が続くパレスチナ

イスラエル建国と対立の発生

　1948年，地中海東岸のパレスチナ地方でユダヤ人がイスラエルの建国を宣言した。ユダヤ人たちの拠り所としては，実に約2500年もの間かなうことのなかった待望の国家であった。しかし，このことが4度もの中東戦争と現在まで続くパレスチナ問題の引き金となった。もともとこの地に暮らしていたイスラム教徒のアラブ人たちには，自分たちの領域に流入してくるユダヤ人たちを受け入れることができず，アラブ人とユダヤ人の対立が生じたのである。

　パレスチナとは，いったいどんな場所なのだろうか。地理的に見ると，ヨーロッパとアジア，北アフリカを結ぶ交易ルートの結節点に位置する。11世紀ころ，この地域はイスラム帝国に支配されていたが，ヨーロッパの商人が地中海東部に進出すると，キリスト教徒による聖地エルサレムへの巡礼もさかんになった。パレスチナの中心地であるエルサレムは，キリスト教だけでなく，ユダヤ教，イスラム教の聖地でもあるので，ときに宗教的対立が起こることもあった。

　パレスチナ問題の根本には，第一次世界大戦のときにイギリスが三つの矛盾した約束をしていたことが大きく関係している。戦時中，敵対していたオスマン帝国の内部からの弱体化をねらったイギリスは，オスマン帝国内のアラブ人に対して国家独立を約束して支持した（フサイン-マクマホン協定❶）。他方で，ユダヤ人からの経済的協力を得るために，彼らにパレスチナでのユダヤ人国家の建設を約束した（バルフォア宣言❸）。さらにイギリスは，アラブ地域をフランス・ロシアとともに分割し，パレスチナを国際管理地とすることも約束していた（サイクス-ピコ協定❷）。

　第一次世界大戦後，パレスチナは当時の国際連盟のもとでイギリスの委任統治領となった。しかし，イギリスとの約束によって流入しはじめたユダヤ人と，同じく独立国家を求めるアラブ人との対立が激化したため，イギリスは委任統治を放棄し責任を逃れた。1947年，国際連合（国連）は，この対立をおさめるために，パレスチナをアラブ人とユダヤ人の二つの国家に分割する案を提示した。その決議では，パレスチナに住むユダヤ人の人口がアラブ人の約3分の1であったにもかかわらず，パレスチナ地域の2分の1以上をユダヤ人に与えることになっていた。この不公平さが，かえってアラブ人の反発を招く結果となった。

「ユダヤ人」を知る

　「ユダヤ人」という言葉は，とても不思議である。日本の国籍をもつ人は「日本人」と呼ばれるように，通常は，「人」の前には国の名前がおかれる。しかし，ユダヤ人の「ユダヤ」は宗教の名前である。長い間，ユダヤ人は「国」をもたなかったため，こう呼ばれるのである。

　紀元前6世紀ごろに王国を滅ぼされてからは，エルサレムを聖地としてユダヤ教を確立し，国ではなく宗教のもとに団結していった。国をもたないユダヤ人は，世界各地に離散（ディアスポラ）したが，各地で差別的扱いを受けた。現在では，建国したイスラエルよりもアメリカ合衆国に多くのユダヤ人が在住している。

54　世界の領土・領域をめぐる問題

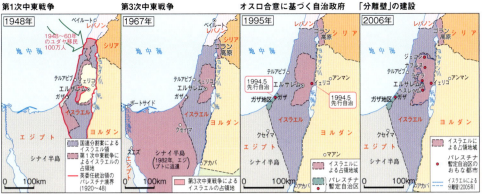

▲オスロ合意（1993年）

■中東戦争とその後のパレスチナ

周辺国との戦争と自治政府

　国連の提案を受けて、ユダヤ人は1948年にイスラエルを建国し、パレスチナ地方への入植を進めた。これに対してアラブ諸国が反対し、第1次中東戦争が勃発した。結果として、イスラエルがパレスチナ地方の80％を占領したため、多くのアラブ人が住む場所を追われ難民となった（パレスチナ難民）。その後も3度の中東戦争が起こった。その間にイスラエルは、ヨルダン川西岸やゴラン高原、シナイ半島を占領し、領地を広げていった。他方で、パレスチナを追われたアラブ人たちは、1964年にパレスチナ解放機構（PLO）をつくってイスラエルに対抗し、1988年にはヨルダン川西岸とガザ地区を領域とするパレスチナ国家の独立を宣言した。

　1993年、この問題にアメリカが動いた。クリントン大統領が、イスラエルのラビン首相とPLOのアラファト議長を仲介して、相互に認め合い、パレスチナに暫定自治政府を樹立する協定への調印をなしとげた（オスロ合意）。しかし、1995年にラビン首相が暗殺され、その後もテロや空爆が続くなど、両者のみぞは埋まっていない。イスラエルは、テロ対策の一環でヨルダン川西岸地域のユダヤ人入植地に「分離壁」の建設を始めたが、対立をより深めるとして国際的に非難されている。

　2011年、パレスチナは国連教育科学文化機関（ユネスコ）の加盟国となり、2012年には、国連がパレスチナを投票権をもたない加盟国として認めた。さらに、2015年には、戦争犯罪を訴えることができる国際刑事裁判所（ICC）にも加盟するなど、国際組織への加盟を通じて、「国家」としての地位向上をはかっている。ユダヤ人とアラブ人、双方の立場を尊重したうえで、国際社会が解決の道筋を着実に築いていくことが必要とされている。

年	おもなできごと
1915	イギリスがアラブ国家独立を約束（フサイン・マクマホン協定）❶
1916	英仏露でアラブ地域の分割を約束（サイクス・ピコ協定）❷
1917	イギリスがユダヤ人国家の建設を約束（バルフォア宣言）❸
1939	第二次世界大戦（～1945）、ユダヤ側とアラブ側の対立が激化
1947	国連総会、パレスチナ分割案可決
1948	ユダヤ人国家 イスラエル建国❹
	第1次中東戦争（～1949）…イスラエル建国にアラブ側が反発　イスラエル勝利
1956	第2次中東戦争…エジプト（アラブ側）と英仏の対立にイスラエル出兵　イスラエル（英仏側）撤退
1964	パレスチナ解放機構（PLO）結成
1967	第3次中東戦争…イスラエル側による奇襲　イスラエル勝利
1973	第4次中東戦争…アラブ側による奇襲　停戦
1974	PLO、国際的に承認される
1979	エジプト・イスラエル平和条約、ほかのアラブ諸国が反発
1982	イスラエル、レバノンに侵攻
	パレスチナ人による一斉蜂起（インティファーダ）開始
1988	PLO、パレスチナ国家独立宣言❺
1993	パレスチナ暫定自治協定に調印（オスロ合意）❻
1995	イスラエルのラビン首相暗殺
2001	パレスチナ自治政府議長との関係断絶を宣言（シャロン首相）
2002	分離壁の建設を開始
2004	PLOのアラファト議長死去
2008	イスラエル、ガザ空爆
2012	パレスチナ、国連オブザーバー国家として承認される
2014	イスラエル、ガザ空爆

■パレスチナ問題年表

▲ユダヤ人入植地と分離壁（2015年）

▲食料支援に並ぶパレスチナ難民（シリア、ダマスカス郊外、2014年）

ここも見てみよう　イスラム教➡p.53、国際連合➡p.9、p.62 用語解説、委任統治、入植地➡p.62 用語解説

南スーダンの独立と領土問題

▲南スーダンの独立を喜ぶ人々

長く続いた内戦

2011年7月, ニューヨークの国際連合(国連)本部に, 新たな加盟国の国旗がかかげられた。それは, アフリカのスーダンから分離独立を果たし, 193番めの国連加盟国となった南スーダンである。しかし, それまでの道のりは, 長くけわしいものであった。その背景には, 植民地支配の歴史と宗教の違い, そして石油資源の争奪が関係していた。

19世紀, スーダンは2か国により分断され, 北部をエジプトが占領し, 南部をイギリスが植民地支配していた。1899年からはイギリスとエジプトによる共同統治となった。これに対して, 自治や独立を求めて民族運動がさかんになり, 1956年にスーダンが独立を果たした。

しかし, スーダン北部にはイスラム教徒が, 南部にはキリスト教徒が多く居住しており, 独立後の政府が北部主体であったことが, のちの内戦へとつながる。1960年代には南部の分離独立の機運が高まったため, 南部に部分的な自治権を認めることを両者の間で約束した(1972年, アディスアベバ和平合意)。

ところがスーダン南部に多くの油田が発見されると, 北部勢力は和平合意を破り, イスラム教にもとづく支配を始めた。それに対して南部のキリスト教徒を中心とした民族が「スーダン人民解放軍(SPLA)」をつくり, 北部の政権に反乱を起こした。この内戦は1983年から2005年までの22年もの間続き, 200万人以上の犠牲者と約400万人の難民や国内避難民を出すなど, アフリカで最長の内戦となった。

■南北スーダンの周辺と係争地アビエイ

56 世界の領土・領域をめぐる問題

住民投票による独立と残存する領土問題

　スーダンの内戦は，2005年に再び和平合意が実現することで終結した。しかし，この内戦の結果，住民の安全な生活がうばわれただけではなく，その後の国家建設の基盤も破壊しつくされていた。そのため国連は，武装解除や人道支援を行う平和維持活動（PKO）を開始して停戦を見守り，内戦後の国家建設に積極的に介入した。

　2011年1月には，南部の独立を問う住民投票が実施された。そのときに配布された投票用紙には，アラビア語と英語で「独立」と「統一」という二つの選択肢が書かれていただけではなく，「右手をあげる絵」（＝独立）と「握手をする絵」（＝南北の統一維持）も大きく描かれていた。識字率がたったの27％であるスーダン南部で，民意を正しく拾うための工夫であった。この結果，98.8％の人々が独立に賛成し，2011年7月，南スーダンは独立した。

　ところが，南北スーダンの問題は決着してはいなかった。内戦の激戦地でもあったスーダン中央部のアビエイ地区について，南北双方が領有を主張し，現在まで対立が続いているのである。アビエイは，遊牧民をふくむ複数の民族の生活の場となっていたが，同時に石油資源が豊富な地域でもあった。アビエイの帰属問題については，2008年に国際機関（常設仲裁裁判所）にもちこまれたが，アビエイの範囲を決めたのみで，帰属先の決定は2011年の住民投票にゆだねられていた。しかし，住民をどこまでふくむかなどで南北の意見が食い違い，混乱が生じたため，投票は延期されている。2012年には，アビエイをめぐって南北の武力衝突が起こるなど，大規模な紛争が再び発生してしまう危機に直面している。

　現在，南スーダンでは，石油輸出による収入が国の歳入の約98％と，国の経済が石油に依存している。一方，北部のスーダンは，南部の独立により石油輸出（関連製品含む）が約75％も減少してしまったが，石油を輸出するためのパイプラインをもっている。石油資源が南北スーダンの対立の火種となっている状況を考えると，国際機関などの第三者による支援を重ね，たがいに自立した社会をつくることが，問題解決への一歩となるであろう。

▲係争地アビエイ

▲非公式の独自投票に向かう南部支持のアビエイ住民たち（2013年10月）

南スーダンでの日本の自衛隊の支援活動

　日本は2011年7月に南スーダンを国家として認め，2012年1月から日本の自衛隊を現地に派遣し，国家建設に協力している。これは，国際連合の安全保障理事会の決議によって設立された「国連南スーダン共和国ミッション（UNMISS）」という国連平和維持活動（PKO）の一環として行われている。南スーダンの首都であるジュバでは，UNMISSの活動に必要な拠点の建設や資材の輸送だけではなく，難民または国内の避難民のための施設建設や支援活動，道路の整備など経済活動の基盤となるインフラの整備に貢献している。2015年9月現在，約350名の部隊要員が派遣されている。

▶自衛隊が建てた橋をわたる南スーダンの子どもたち

氷の大陸 南極の領有権

▲南極の大自然と観光客(上)，イギリスの南極探検隊(下)(1904年)

高まる南極への関心と各国の探検

　地球上の大陸の中で，唯一どの国にも領有されていない南極大陸。見渡すかぎり真っ白な雪と氷で，一見して陸地は見えない。なぜならば，氷床という平均2500mの厚さの氷でおおわれているからである。氷の厚さは，もっとも厚いところで4000mにも達し，富士山よりも高い。面積は約1400万km²で，日本の面積の36倍にもなる。また，南極は地球上でもっとも寒く，2010年には-93.2℃を記録した。夏には一日中太陽が沈まず，冬には一日中太陽がのぼらない。このように，人が住むにはきわめて厳しい環境である。

　南極は，長年人類の未踏の地であった。しかし，1820年に南極大陸が発見されると科学的関心が高まり，世界の国々が探検を開始した。スコットが率いるイギリスの探検隊は，1901〜04年にかけて内陸部を探検し，いちはやく領有権を主張した。1911年には，アムンゼンが率いるノルウェーの探検隊が南極点に初めて到達した。少し遅れて1912年に，イギリスのスコットが率いる探検隊も南極点に到達するなど，次第に大陸の全貌が明らかになっていった。日本の白瀬矗が率いる探検隊も南極点をめざしたが，到達することはできず，彼らは到達地点から見渡した一帯を「大和雪原」と名づけた。現在では，気象や生物，宇宙や地球科学に関する科学調査と研究のために多くの国々が基地を設置している。日本は，昭和基地，みずほ基地，あすか基地，ドームふじ基地の四つの基地をもっている。

南極条約と領有権

　南極はどの国のものなのだろうか。これまでに南極を探検した国々は，その地に国旗を立てて，南極大陸の一部の領有を主張してきた。最初に南極点に到達したノルウェーをはじめとして，イギリス，フランス，ニュージー

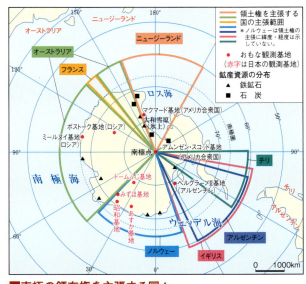

■南極の領有権を主張する国々

ランド，オーストラリア，アルゼンチン，チリの7か国は，南極点を中心に南極を扇形に分割して，それぞれ領有を主張している。これらの国々をクレイマント(主張国)と呼ぶ。人が住むには厳しい極寒の地であるにもかかわらず，なぜ国家は南極を領有したいのだろうか。その理由は，南極の天然資源である。南極には，金や銀，鉄鉱石や石炭など豊富な鉱産資源が埋蔵されている。第二次世界大戦後に領有権の主張が高まる中，アメリカとソ連(ロシア)は，上記7か国の領有を認めず，対立が激しくなった。このように領有権を主張せず，他国の主張に反対する国々をノンクレイマント(主張否認国)と呼ぶ。

このような領有の動きに反対したのは，南極を科学調査や研究の対象として重視していた科学者であった。南極の氷床の中には，氷ができたときの数十万年前の地球の空気が閉じ込められている。この「地球のタイムカプセル」から二酸化炭素の濃度の変化などを調べ，今後の地球温暖化の傾向を予測することもできるのである。

1957〜58年の国際地球観測年に行われた科学調査をきっかけとして，1959年に南極条約が結ばれ，南極地域に関する基本的な約束が決められた。当時の条約採択国は，科学調査に参加した日本，アメリカ，ソ連(ロシア)，ノルウェー，イギリス，フランス，ニュージーランド，オーストラリア，アルゼンチン，チリ，南アフリカ，ベルギーの12か国であった(現在の締結国は50か国)。この南極条約では，南極地域の平和的利用を基本的原則として，軍事基地の設置や軍事演習の実施が禁止された。また，科学調査の自由と国際協力の促進がもりこまれた。一方，これらを実現するために，各国の領有権の主張については現状のまま凍結させた。つまり，この条約はクレイマントとノンクレイマント双方の主張を否定しないことによって，領有権をめぐる国際的対立を避け，南極を国際協力にもとづく科学調査の場とすることに成功したのである。

こうして現在では，南極には国家の領有権は及ばないが，それぞれの国がそれぞれの国のルールで活動している。一方で，どの国にも属さない南極では，地球温暖化などの環境問題による生態系の変化や，南極観光の増加による影響，漂着するゴミの処理など，人の活動により生じるさまざまな問題に対し，どのように責任を負って対応していくかが課題となっている。南極条約を結んだ国々は，協議国会議を開催して，こうした問題に対処している。

アムンゼン・スコット基地(米)
南極点

▲◀南極点に立つ南極条約採択国12か国の国旗(上)，ペンギンの生息地にも広がる南極のゴミ問題(左)

南極基地での活動

日本が南極での観測活動を開始したのは1956年。翌年2月に昭和基地を開設，わずか4棟の建物と11名の隊員で越冬観測がスタートした。現在は約30名の越冬隊員が常駐し，観測や基地の維持を行っている。南極という過酷な場所で安全に活動するために，隊員は厳しい身体検査をパスし，非常時に備えた訓練を受けている。もし火災が発生しても，消防車や救急車はかけつけてくれないのである。そのため，隊員には安全への強い意識とチームワークも要求される。60年前に比べると，設備の発達で基地は格段に過ごしやすくなり，日本本土とは衛星回線が常時つながるようになったが，南極の自然の厳しさは少しも変わることがない。

▶画面の向こうの子どもたちにあいさつする観測隊員(昭和基地，2014年) 南極基地では，日本の学校に向けてテレビ通信で基地のようすや気象状況を伝える活動を行っている。カメラマンやディレクターなどは隊員で分担している。

▲上空から見た南沙諸島

南沙諸島をめぐる中国とASEAN諸国

複数の国と地域が重なり合う海域

　中国、ベトナム、フィリピン、ブルネイ、マレーシアに囲まれた南シナ海の南方に、南沙諸島がある。この南沙諸島は、90以上の小島や岩礁からなる島々の総称であり、スプラトリ諸島ともよばれる。「島」といっても、常に水没している(暗礁)か、高潮のときには水没するもの(低潮高地)が多く、ほとんどは無人のままである。それにもかかわらず、現在、周辺国がそれぞれに南沙諸島を自国の領土だと主張し、意見が対立している。

　人が住むことのできない「島」をめぐって争いが起こるわけは、南沙諸島の地理的位置と周辺海域の豊富な資源にある。南沙諸島周辺は水深200mの大陸棚上にあり、豊かな漁場となっている。また、海底には原油や天然ガスなどの鉱産資源が埋蔵されている。さらに、南シナ海は中東からの原油を積んだタンカーが行き来する海上交通の要衝となっており、東アジアや東南アジアの中央に位置することから、軍事的にも重要な海域である。

　それでは、南沙諸島はこれまでどのような国々に領有されてきたのだろうか。1930年以降、フランス領インドシナとしてベトナムを支配していたフランスが南沙諸島の一部を領有していた。しかし、1939年に日本が領土として、「新南群島」と名づけ、1945年の敗戦まで支配した。第二次世界大戦後、日本の領有権がサンフランシスコ平和条約によって放棄されると、その後の帰属先が決められていなかった南沙諸島に対して、当時の中華民国(台湾)やフィリピン、ベトナム、中国(中華人民共和国)があいついで領

■南沙諸島と近海の領有権を主張する国々

60　世界の領土・領域をめぐる問題

有権を主張する状況が生じた。

　1982年に「海の憲法」といわれる国連海洋法条約が採択されると、南沙諸島の領有権争いはいっそう激化した。この条約により、各国に沿岸200海里（約370km）の排他的経済水域（EEZ）の設定が認められ、その水域の天然資源の探査・開発の権利が与えられたからである。

　とくに、中国とベトナム（および台湾）は、南沙諸島全体を領有していると主張しており、1988年には、ジョンソン南礁で中国とベトナムの戦闘が起こった。また、中国は自国の主権が及ぶと主張する境界内のいくつかの岩礁を占領し、それぞれに港湾や滑走路などの人工構造物を建築しはじめた。

支配を強める中国

　領有権を主張する国々の中でもとくに強硬な姿勢を見せている中国は、岩礁の埋め立てと構造物の建設という物理的支配と同時に、1992年に領海に関する国内法を制定して南沙諸島を中国領と規定し、法的支配も始めた。2000年代に入るとさらに南下し、2012年にはフィリピンが領有を主張する岩礁も事実上支配下においた。そのうえで、南沙諸島・西沙諸島・中沙諸島を合わせて「三沙市」という新しい行政組織を設置し、領有を既成事実化した。

　さらに、2014年、中国はこれらを根拠に岩礁の大規模な埋め立てを開始した。このような一方的な中国の動きの背景には、2000年以降の中国の急激な経済成長がある。中国は、この成長を支えるためのエネルギー資源を確保したい考えがあるとみられる。

　一方で、領有問題の解決に向けて話し合いを始めた東南アジア諸国連合（ASEAN）と中国は、2002年にこの問題の平和的解決を規定した「南シナ海行動宣言」に合意した。その後、2004～05年にかけて、中国はフィリピンとベトナムそれぞれの石油会社と共同で南シナ海付近の海底探査を行うことに合意するなど、友好と協力

▲「南シナ海行動宣言」に合意したASEANと中国の会合（2002年）

に向けた取り組みもみられる。

　しかし、現状は、中国による実効支配が年々強化されている。例えば、2013年に、中国の南シナ海での領有権の主張が国際法に違反するとして、フィリピンが国際機関（常設仲裁裁判所）に提訴したが、中国は仲裁裁判を受け入れず、出廷すらしていない。

　現在のところ、このような中国の態度は、日本を含めた国際社会に受け入れられているとは言いがたい。2015年10月、常設仲裁裁判所は、フィリピンの訴えを認めて仲裁裁判の手続きを進め、審理を開始することを決めた。また、2015年9月には、アメリカが、中国が領海であると主張する南沙諸島のスビ礁付近に軍艦を航行させて「航行の自由」を確認し、今後も継続することを明らかにした。

　南シナ海を紛争の海としないためにも、国際的制度の中で、国どうしの対話による解決が求められている。

▲南沙諸島に建造されたの中国の人工構造物

用語解説

●委任統治(領)
敗戦国の植民地や領土を，戦勝国が支配したり，保護国(外交権を支配)にしたりすること。1920年の国際連盟の成立後は，国際連盟の監督の下で支配や保護国化が行われた。

●係争地
その領有権をめぐって，対立や紛争が起こっている場所のこと。
→p.4「世界の国々と領土をめぐるおもな問題」で世界の係争地を見てみよう。

●国際法
国と国との間の関係を定めたルールのこと。文章化された条約などのほか，慣習や合意もふくまれる。領土に関して，国際法では，「どの国の領土でもない地域は，最初に領有を主張した国の領土になる」とされている。

●国際連合(国連)
戦争の防止と解決，国際平和の維持に向けた活動を行う国際組織。第二次世界大戦を防ぐことができなかった国際連盟の反省をふまえ，1945年10月に51か国の加盟国で発足した。日本は1956年12月に80番目の加盟国となった。現在の加盟国数は193か国である(2016年1月現在)。

●国連海洋法条約
1982年に採択された条約で，167の国と地域が締結している(2016年1月現在)。条約では，領海，接続水域，排他的経済水域，大陸棚，公海など，海洋にかかわるほぼすべての問題について規定しており，「海の憲法」とよばれることもある。

●国連憲章
1945年に署名された国際連合の基本文書で，加盟国の権利や義務を規定し，国連の主要機関や手続きを定めている。また国際条約としては，加盟国の主権の平等や国際関係で武力を行使することの禁止の原則をかかげる。

●コバルトリッチクラスト
水深1000〜2000mの海底にある山の頂部や斜面に堆積している物質で，電子部品の生産に必要なコバルトやニッケルなどのレアメタルをふくむ。

●シェンゲン協定
ヨーロッパの締約国どうしの間で，パスポートなどの提示なしに国境の自由な移動を取り決めた協定(1985年〜)。現在はEU加盟28か国のうち，イギリスやアイルランドなどを除く22か国が参加している(2016年1月現在)。また，EU非加盟のノルウェー，アイスランド，スイス，リヒテンシュタインも参加している。

●常設仲裁裁判所
国家間の紛争に加え，一方の当事者が多国籍企業などの私人や国際組織である紛争をも仲裁して解決する国際機関(1899年〜)。「常設」とあるが，オランダのハーグにある国際事務局に裁判官の候補者名簿がおかれているだけで，裁判官が常駐しているのではない。各当事者がこの名簿から裁判官を自由に選ぶほか，裁判手続きや基準，審理や判決の公開・非公開も決定することができる。
→p.34コラム「国際司法裁判所」も見てみよう。

●植民地
ほかの国(本国)に支配され，政治や外交などの権利をうばわれた地域。植民地となった地域では，本国から移り住んだ人々によって土地や資源が開発された。支配側の本国のことを，宗主国ということもある。

●大陸棚
地形上の大陸棚は，大陸の周辺にみられる，海岸からゆるやかに傾斜しながら続く海底をさす。これに対し，国際的な取り決めである国連海洋法条約では，海岸線(基線)から200海里(約370km)の線までの海域(領海を除く)の海底及びその下と定義している(地形上の大陸棚が200海里をこえる場合には350海里以内で延長可能)。

●大陸棚条約(大陸棚に関する条約)
1958年に採択され，大陸棚の定義(技術的に開発可能な範囲とされた)と，その権利や義務について定めた最初の国際条約。その後，技術の発展により，大陸棚の範囲を広げようとする動きがあったため，国連海洋法条約(現在の制度)では，国際機関のもとで開発が規制される深海底制度が導入されるともに，大陸棚の定義が大きく変更された。

●等距離線・中間線
隣接する2国間の領海・排他的経済水域・大陸棚の境界を画定する際に用いられる方法であり，両国の海岸線(基線)上のもっとも近い点から等しい距離にある線のこと。向かい合う国どうしの場合には中間線，となり合う国どうしの場合には等距離線と呼ばれる。

●入植地
開拓などのために移り住んだ土地のこと。本文でふれた「ユダヤ人入植地」は，第3次中東戦争(1967年)でイスラエルが占領したヨルダン川西岸やガザ地区で建設されたものをさす。ユダヤ人入植地の建設は，オスロ合意(1993年)を経て停止されたが，2002年から進む分離壁の建設が問題になっている。

●排他的経済水域
国連海洋法条約で定められた水域で，海岸線(基線)から200海里(約370km)以内の範囲で，領海を除く。沿岸の国は漁業などの水産資源や海底の鉱産資源を利用する権利のほかに，人工島・構築物の設置・利用，海洋科学調査，海洋環境の保護・保全に関する権利などが認められている。

●領海
干潮でもっとも水位の下がった海岸線(基線)から一定の幅で，国家の主権が及ぶ海の範囲。国際法では12海里(約22km)まで認められているが，国によって設定は異なる。海里は海洋上の距離の単位で，1海里＝約1852m。

さくいん

赤文字：地名　　黒文字：事項

あ
- アビエイ地区 …… 57
- アフリカ …… 11, 56
- アメリカ合衆国 …… 10, 12, 20, 59
- アラスカ …… 10
- アラブ人 …… 54
- アルザス地方 …… 50
- アルゼンチン …… 10, 59
- アンデス山脈 …… 10

い
- イギリス …… 52, 54, 56, 58
- イスラエル …… 54
- イスラム教 …… 42, 53, 54, 56
- 委任統治(領) …… 19, 20, 54, 62
- インド …… 12, 52
- 印パ戦争 …… 52

う
- 魚釣島 …… 36
- ウラジオストク …… 48
- ウルグアイ …… 10
- ウルップ(得撫)島 …… 19, 24
- ウルルン(鬱陵)島 …… 20, 31, 32

え
- 蝦夷(地) …… 18, 23
- 択捉島 …… 19, 22
- エルサレム …… 54

お
- 欧州議会 …… 51
- オーストラリア …… 59
- 沖縄県 …… 18, 21
- 沖縄返還交渉 …… 21, 38
- 沖ノ鳥島 …… 16, 21

か
- 海底ケーブル …… 43
- 海底熱水鉱床 …… 45
- ガザ地区 …… 55
- カシミール地方 …… 52
- カナダ …… 10
- 樺太 …… 19, 24
- 樺太・千島交換条約 …… 19, 24
- カリーニングラード …… 13
- 韓国(大韓民国) …… 19, 20, 30

き
- 基線 …… 15, 16
- 北小島(沖ノ鳥島) …… 17
- 北小島(尖閣諸島) …… 36
- 北朝鮮(朝鮮民主主義人民共和国) …… 20
- 境界画定 …… 15, 40
- キリスト教 …… 11, 54, 56

く
- 国後島 …… 22, 28
- 久場島 …… 36
- 黒潮 …… 23, 37

け
- 係争地 …… 62
- 遣唐使船 …… 42

こ
- 公海 …… 9, 46
- 公海自由の原則 …… 46
- 古賀辰四郎 …… 37
- 国際司法裁判所 …… 34, 47
- 国際法 …… 9, 18, 62
- 国際連合(国連) …… 9, 52, 54, 57, 62
- 国連極東アジア経済委員会 …… 38
- 国連海洋法条約 …… 15, 34, 46, 61, 62
- 国連憲章 …… 34, 62
- 国連平和維持活動(PKO) …… 57
- 国境 …… 10, 12, 18
- コバルトリッチクラスト …… 17, 45, 62
- 近藤重蔵 …… 23

さ
- サンフランシスコ平和条約 …… 20, 25, 26, 32, 38

し
- シェンゲン協定 …… 12, 62
- 潮目(潮境) …… 23, 31, 44
- 色丹島 …… 22, 25
- 下関条約 …… 19
- シュムシュ(占守)島 …… 19, 24
- 常設仲裁裁判所 …… 57, 61, 62
- 昭和基地 …… 58
- 植民地 …… 11, 52, 56, 62

す
- スーダン …… 56
- スーダン人民解放軍(SPLA) …… 56
- ストラスブール …… 51

せ
- 接続水域 …… 41, 47
- 尖閣諸島 …… 36

た
- 第一次世界大戦 …… 50, 54
- 大正島 …… 36
- 第二次世界大戦 …… 20, 24, 51
- 太平洋戦争(アジア・太平洋戦争) …… 19
- 大陸棚 …… 46, 60, 62
- 大陸棚限界委員会 …… 15, 47
- 大陸棚条約 …… 46, 62
- 台湾 …… 9, 19, 20, 36, 60
- 高田屋嘉兵衛 …… 23
- 竹島 …… 30
- 竹島資料室 …… 35
- ダマンスキー(珍宝)島 …… 49

ち
- 千島列島 …… 19, 24, 26
- 中華民国 …… 20, 38, 60
- 中間線 …… 28, 40, 62
- 中国(中華人民共和国) …… 19, 20, 38, 48, 60
- 中東戦争 …… 55
- 朝貢貿易 …… 37
- 朝鮮(半島) …… 19, 20
- チリ …… 10, 59

て
- 低潮高地 …… 16, 60
- 低潮線 …… 16

と
- ドイツ …… 13, 50
- 等距離線 …… 40, 47, 62
- 東南アジア諸国連合(ASEAN) …… 61
- 特定離島 …… 16
- 飛び地 …… 10, 13

な
- 南極 …… 58
- 南沙諸島 …… 60
- 南洋群島 …… 19

に
- ニウエ …… 9
- 西島(竹島) …… 30
- 日露戦争 …… 19, 24, 26, 31
- 日華平和条約 …… 38
- 日韓基本条約 …… 21, 33
- 日韓漁業協定 …… 31, 34
- 日清修好条規 …… 19
- 日清戦争 …… 19, 39
- 日中共同声明 …… 21, 39
- 日中漁業協定 …… 40
- 日中平和友好条約 …… 21, 39
- 日朝修好条規 …… 19
- 入植地(ユダヤ人入植地) …… 55, 62
- ニュージーランド …… 58

ね
- 根室 …… 22, 28

の
- ノルウェー …… 58

は
- 排他的経済水域 …… 15, 46, 61, 62
- パキスタン …… 12, 52
- パスポート(旅券) …… 12, 27
- 歯舞群島 …… 22, 25
- パレスチナ …… 9, 54
- パレスチナ解放機構(PLO) …… 55
- バンク …… 44
- バングラデシュ …… 53

ひ
- 東小島(沖ノ鳥島) …… 17
- 東シナ海 …… 36
- 東島(竹島) …… 30
- 光ファイバーケーブル …… 43
- ビザ(査証) …… 12, 27
- ビザなし交流 →北方四島交流事業
- ヒンドゥー教 …… 53

ふ
- フィリピン …… 60
- 仏教 …… 42
- フランス …… 11, 50, 58, 60
- ブルネイ …… 60

へ
- 米軍基地 …… 21
- ベトナム …… 60

ほ
- ポーツマス条約 …… 19, 24
- 北部暫定水域 …… 34
- 北海大陸棚事件 …… 47
- 北海道 …… 18, 22
- 北極海西航路 …… 45
- 北極海東航路 …… 45
- ポツダム宣言 …… 20, 24
- 北方四島交流事業(ビザなし交流) …… 27
- 北方領土 …… 22

ま
- マーカス島 …… 17
- マラッカ海峡 …… 43
- マレーシア …… 60
- 満州 …… 19

み
- 南シナ海 …… 60
- 南スーダン …… 9, 56
- 南鳥島 …… 17, 21
- 南小島(尖閣諸島) …… 36

め
- メキシコ …… 12
- メタンハイドレート …… 31, 45

も
- 最上徳内 …… 23

や
- 八重山列島 …… 36
- ヤルタ会談(ヤルタ協定) …… 24, 26

ゆ
- ユダヤ教 …… 54

よ
- ヨーロッパ …… 11, 12, 50
- ヨーロッパ石炭鉄鋼共同体(ECSC) …… 51
- ヨーロッパ連合(EU) …… 51
- 与那国島 …… 14
- ヨルダン川 …… 55

ら
- ラプラタ川 …… 10

り
- 李承晩ライン …… 32
- 琉球(琉球王国) …… 18, 36
- 領域 …… 9
- 領海 …… 9, 15, 46, 62
- 領空 …… 9, 15
- 領土 …… 9, 15

れ
- レアアース …… 15, 41
- レアメタル …… 15
- 冷戦 …… 25

ろ
- ロシア(ソ連) …… 13, 18, 22, 48, 59
- ロレーヌ地方 …… 50

執　筆	水田　周平（明治大学専任講師）
	根本　和幸（東京国際大学准教授）

編集協力	谷内　達（東京大学名誉教授）
	赤坂　寅夫（元全国中学校社会科教育研究会会長）

制作協力	ジーグレイプ株式会社

写真・資料提供　朝日新聞社／アフロ／アマナイメージズ／伊良皆高吉／AP／海上保安庁／気象庁(p.17上の写真)／九州大学附属図書館／共同通信社／gettyimages／公益財団法人海上保安協会／公益社団法人千島歯舞諸島居住者連盟／国立極地研究所／国立公文書館／The NewYork Times／JTBフォト／時事通信社／時事通信フォト／杉下正良／曽目和彦／竹島資料室／東海大学情報技術センター（TRIC）／徳島大学附属図書館／独立行政法人北方領土問題対策協会／日刊スポーツ／PPS通信社／本吉洋一／United Nations Relief And Works Agency／ユニフォトプレス／読売新聞社／ロイター／早稲田大学図書館

おもな参考文献　〈全体〉新崎盛暉・岡田充・高原明生・東郷和彦・最上敏樹『「領土問題」の論じ方』(岩波ブックレット、2013年)　眞淳平『地図で読む「国際関係」入門』(ちくまプリマー新書、2015年)　松井芳郎『国際法から世界をみる（第3版）』(東信堂、2011年)　〈1章 領土・領域と国境〉国際政治文化研究会『世界の国旗-国旗が教えてくれる世界の国々』(2014年)　吉田一郎『世界飛び地大全』(角川ソフィア文庫、2014年)　吉田一郎『国マニア 世界の珍国、奇妙な地域へ！』(ちくま文庫、2010年)　〈2-3章 日本の領域とその変化〉加藤茂・伊藤等『海の底にも山がある！日本列島、水をとったら？ビジュアル地形案内1』(徳間書店、2015年)　櫻澤誠『沖縄現代史-米国統治、本土復帰から「オール沖縄」まで』(中公新書、2015年)　芹田健太郎『日本の領土』(中公文庫、2010年)　福永文夫『日本占領史1945-1952 - 東京・ワシントン・沖縄』(中公新書、2014年)　読売新聞政治部『基礎からわかる-日本の領土・海洋問題』(中公新書ラクレ、2012年)　〈4-6章 日本の領土をめぐる問題〉池内敏『竹島-もうひとつの日韓関係史』(中公新書、2016年)　岩下明裕『北方領土問題-4でも0でも、2でもなく』(中公新書、2005年)　平岡昭利『アホウドリを追った日本人 一攫千金の夢と南洋進出』(岩波新書、2015年)　村井章介『境界をまたぐ人びと（日本史リブレット28）』(山川出版社、2006年)　琉球新報・山陰中央新報『環りの海 竹島と尖閣 国境地域からの問い』(岩波書店、2015年)　〈7章 海と排他的経済水域〉池上俊一『パスタでたどるイタリア史』(岩波ジュニア新書、2011年)　海洋政策研究財団『海洋白書』(成山堂書店)　小島毅・羽田正『東アジア海域に漕ぎだす1 海から見た歴史』(東京大学出版会、2013年)　田中優子『グローバリゼーションの中の江戸』(岩波ジュニア新書、2012年)　〈8章 世界の領土をめぐる問題〉岩下明裕『国境・誰がこの線を引いたのか-日本とユーラシア』(北海道大学出版会、2006年)　内田日出海『物語 ストラスブールの歴史 -国家の辺境、ヨーロッパの中核』(中公新書、2009年)　神沼克伊『地球環境を映す鏡 南極の科学-氷に覆われた大陸のすべて』(講談社、2009年)　高橋和夫『アラブとイスラエル パレスチナ問題の構図』(講談社現代新書、1992年)

この本は2016年1月現在の情報で作成しています。

帝国書院　地理シリーズ

別巻
日本と世界の領土

2016年2月 5日　印刷
2016年2月10日　初版第1刷発行

編集者　帝国書院編集部
発行者　株式会社　帝国書院
　　　　代表者　鈴木啓之
　　　　〒101-0051　東京都千代田区神田神保町3-29
　　　　電話03(3262)0830　帝国書院販売部
　　　　振替口座　00180-7-67014
　　　　URL　http://www.teikokushoin.co.jp/
印刷者　新村印刷株式会社

©Teikoku-Shoin Co.,Ltd.2016　Printed in Japan
ISBN978-4-8071-6260-4
乱丁，落丁がありましたら，お取り替えいたします。